第三批國家珍貴古籍名録圖録

第七册

中國國家圖書館
中國國家古籍保護中心 編

國家圖書館出版社

第七册目録

第三批國家珍貴古籍名録圖録

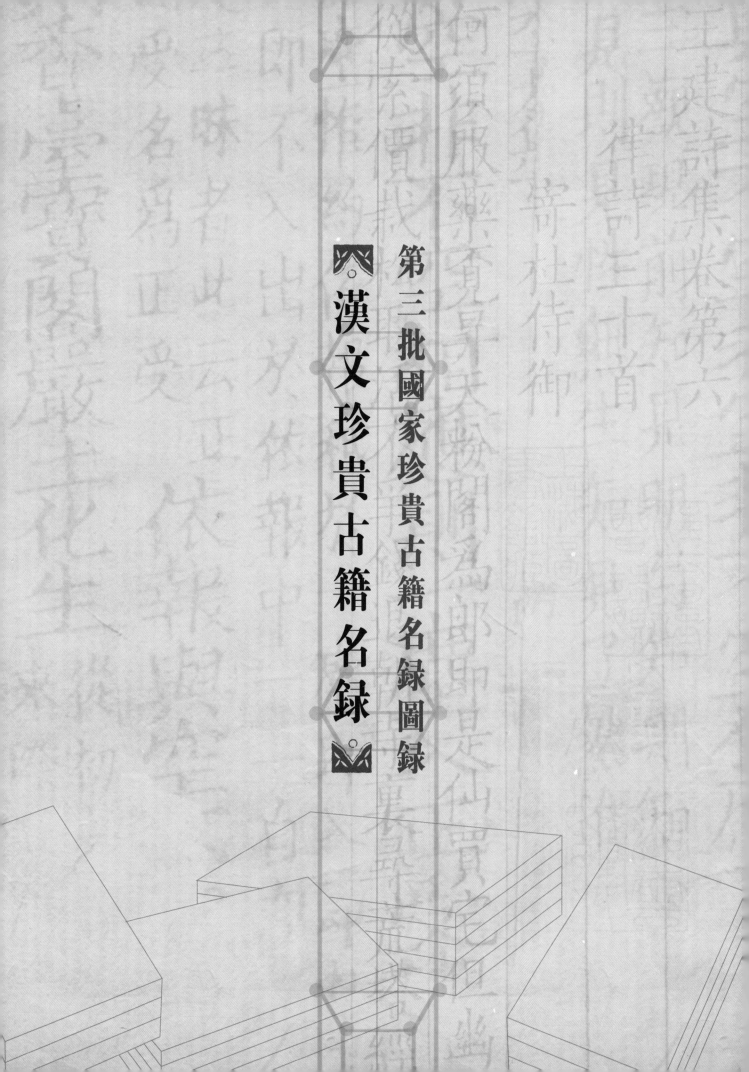

漢文珍貴古籍名録

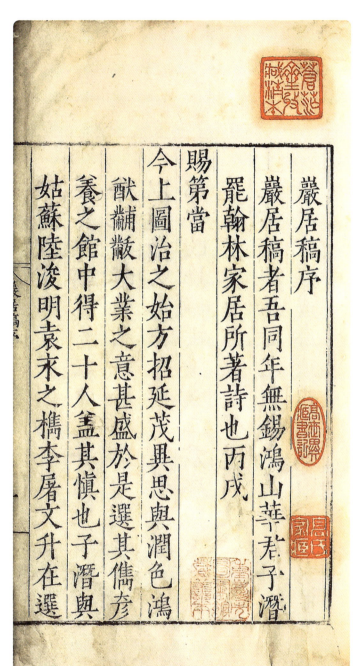

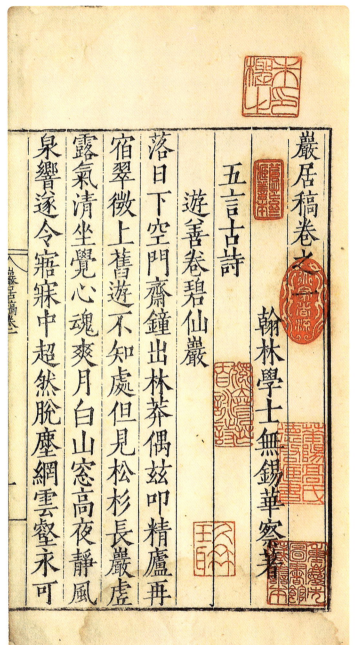

09206 嚴居稿八卷 （明）華察撰 明嘉靖三十五年（1556）王懋明刻本

匡高19.1厘米，廣13.3厘米。半葉八行，行十六字，白口，左右雙邊。有
"高世異藏書記"、"蒼茫齋收藏精本"、"華陽高氏德啓藏書"等印。重
慶圖書館藏。

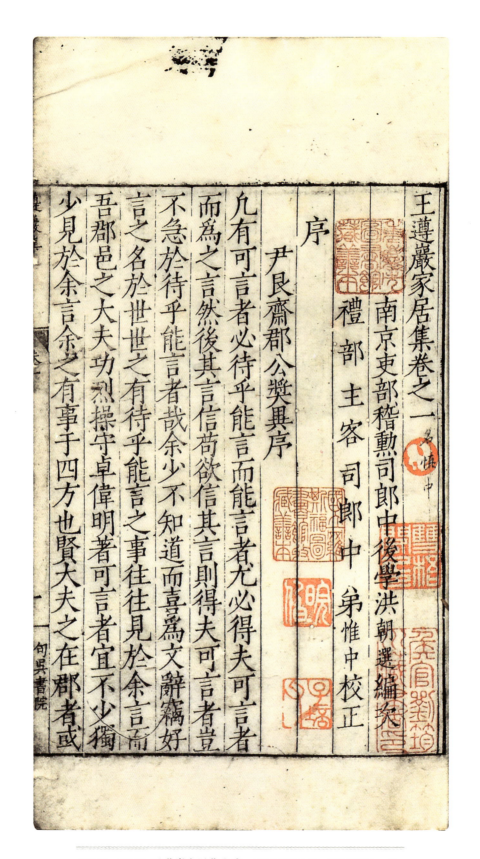

王遵巖家居集卷之一

南京吏部稽勳司郎中後學洪朝選編次

禮部主客司郎中　弟惟中校正

序

尹艮齋郡公獎異序

凡有可言者必待乎能言而能言者尤必得夫可言者

而爲之言然後其言信苟欲信其言則得夫可言者豈

不急於待乎能言者哉余少不知道而喜爲文辭竊好

言之名於世世之有待乎能言之事往往見於余言而

吾郡邑之大夫功烈操守卓偉明著可言者宜不少獨

少見於余言余之有事于四方也賢大夫之在郡者或

09207、09208 王遵巖家居集七卷　（明）王慎中撰　明嘉靖三十一年

（1552）句吳書院刻本

匡高19厘米，廣14.3厘米。半葉十一行，行二十一字，白口，左右雙邊。山
東省圖書館藏，有"趙印録續"、"趙氏模邕閣收藏圖籍書畫印"等印；重
慶圖書館藏，有"侯官劉筠川藏書印"、"雙梧閣印"、"子培父"等印。

陸子餘集卷第一

前從仕郎工科給事中吳郡陸粲子餘撰

注荀卿子序

陸子曰吾讀荀卿子書高其文辭而怪今之君
子之好之何少也或曰荀卿者意廣而爲學闊
疏議論大抵矯亢失中又時讔切孟子以故近
世儒者或頗黜其書吾亦甚恨卿之不遭孟子
也使夫得游從焉與相切磋而去其蔽則卿固
可爲醇儒哉然自孔氏没七十子之徒散亡既
盡教益衰學士大夫爭騖於權利而卿獨脩先

09209 **陸子餘集八卷拾遺一卷** （明）陸粲撰 **附録一卷** 明嘉靖四十三
年（1564）陸延枝刻隆慶增修本
匡高18.5厘米，廣13.5厘米。半葉十行，行十八字，白口，左右雙邊。東北
師範大學圖書館藏。

海樵先生全集 卷之一

南海星野盧夢陽　校正

番禺瑤石黎民表　編次

賦

光化亭賦 并序

劉明府宰越三禩百里告成庶績咸宣群黎

若戴無筆之日迺上龜于龍嶺求靈于鹿岡

瀆命于上洽謀于下乘不日之工立無涯之

趾爰搆幽亭扁曰光化聚山川于八牗通日

一

09210　海樵先生全集二十一卷　（明）陳鶴撰　明隆慶元年（1567）陳

經國刻本

匡高19.7厘米，廣13.2厘米。半葉九行，行二十字，白口，四周雙邊。蘇州

圖書館藏，存六卷。

念菴羅先生集卷之一

書

答蔣道林

往承惠書論大學之旨并孟子講義縷縷數千百言
極感提誨當時讀之至再至三理極明暢第於言下
未有灑然快心處以是未敢率意奉荅未幾入深山
靜僻絕人往來每日塊坐一榻更不展卷如是者三
越月而旋以病廢當極靜時恍然覺吾此心中虛無
物旁通無窮有如長空雲氣流行無有止極有如大
海魚龍變化無有間隔無內外可指無動靜可分上
下四方往古來今渾成一片所謂無在而無不在吾

金

09211 念菴羅先生集十三卷 （明）羅洪先撰 明嘉靖四十二年（1563）

劉玠刻本

匡高20.7厘米，廣14.2厘米。半葉十一行，行二十字，白口，四周單邊。浙江大學圖書館藏。

念菴羅先生集卷之一

書

荅蔣道林

往承惠書論大學之旨并孟子講義縷縷數千百言
極感提誨當時讀之至再至三理極明暢第於言下
未有灑然快心處以是未敢率意奉荅未幾入深山
靜僻絕人往來每日塊坐一榻更不展卷如是者三
越月而旋以病廢當極靜時恍然覺吾此心中虛無
物旁通無窮有如長空雲氣流行無有止極有如大
海魚龍變化無有間隔無內外可指無動靜可分上
下四方往古來今渾成一片所謂無在而無不在吾

金

09212 念菴羅先生集十三卷 （明）羅洪先撰　明嘉靖四十三年（1564）

甄津刻本

匡高20.9厘米，廣14.2厘米。半葉十一行，行二十字，白口，四周單邊。有
"曾在潛樓"、"瘦筤過眼"等印。中共北京市委圖書館藏。

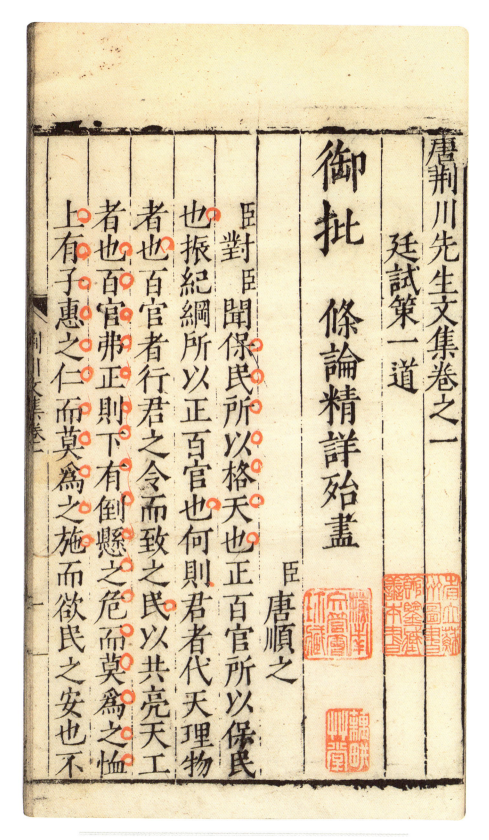

09213、09214 唐荆川先生文集十二卷　（明）唐順之撰　明嘉靖二十八

年（1549）安如石刻本

匡高20.5厘米，廣13.7厘米。半葉十行，行二十字，白口，四周單邊。吉林

省圖書館、蘇州圖書館藏。

陳后岡集序
嘉靖庚子余友陳子約之以憲職督學於梁閒
捐館淇上歸櫬越中時太史唐子應德以上書
失指免官祠郎熊子叔抑以奉職忤意承譴三
子者不遠數千里漬絮酒以入圉整繐帳而出
涕撫藐孤於素室搜遺草於名山而後相與別
去余方倚廬未果從邁嘗移之詩悲焉亡何唐
子刪定其述造若干卷乃就荊令其登梓而以
序屬余申之曰昔先士安假寵太冲子獨無意

陳后岡詩集
廄馬賦 館中作
四明陳束約之著
夫八駿著驊騮之稱九軼標絕塵之號豈非名
因才立奇縣用顯若迺中廄之馬以良見厭
而吉行不過十里仗立岡置一鳴而絡玉羈金
席淋唅脯玉與駑駘並論豈其志乎感漆園真
性之云聊爲賦之
偉軼異之絕足兮懶騰祥而符聖孕房駟之靈

09215 陳后岡詩集一卷文集一卷 （明）陳束撰 明嘉靖二十五年
（1546）張時徹刻本
匡高18.7厘米，廣14.1厘米。半葉九行，行十八字，白口，左右双邊。有
"崑崙山人"、"少衡"、"無竟先生獨志堂物"等印。中山大學圖書館
藏，存一卷。

隃堂摘藁卷之一

五言古詩

讀發近夫集

殷侯本岸瑞氣與煙霞親一朝被組綬濩落隨

風塵爲吏山水間給事金馬門榮遺志乃得道

屈命兹屯壞詞發靈性逸響振青雲變彼楚軓

珪喆咄咄將誰言

驅車

驅車南東行北風號日暮嚮晦月沉彩天水水

09216 隃堂摘藁十六卷 （明）許應元撰　明嘉靖四十年（1561）李金、

黃中等刻本

匡高19.2厘米，廣13.4厘米。半葉九行，行十八字，白口，四周單邊。天津

圖書館藏，存六卷。

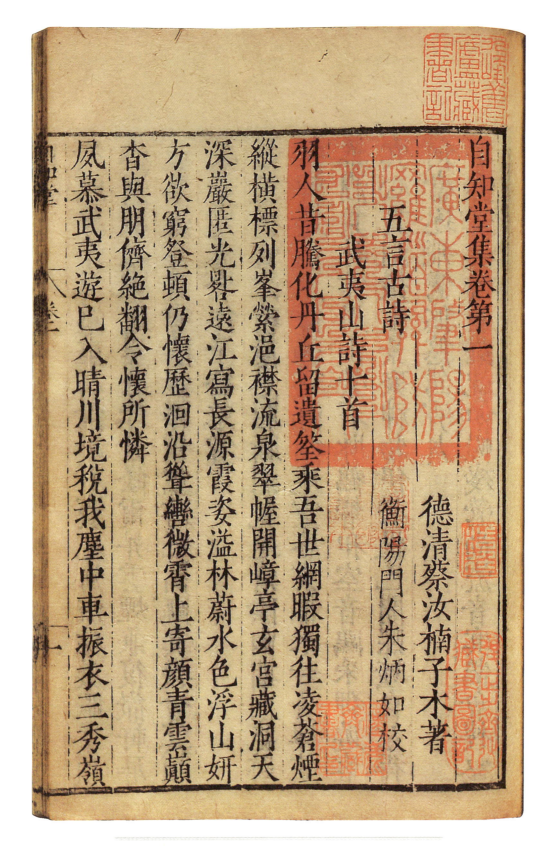

鳳慕武夷遊巳入晴川境税我塵中車振衣三秀嶺

杳與朋儕絶翻令懷所憐

方欲窮登頓仍懷歷迥沿聲巒微霄上寄顏青雲巔

深巖匪光琴遠江寫長源霞姿溢林蔚水色浮山妍

縱橫標列峯縈湛襟流泉翠幄開嶂亭玄宮藏洞天

羽人昔騰化丹丘留遺坌乘吾世網暇獨往凌崒煙

五言古詩

武夷山詩十首

德清蔡汝楠子木著

衡陽門人朱炳如校

自知堂集卷第一

09217、09218 自知堂集二十四卷 （明）蔡汝楠撰　明嘉靖刻本

匡高19.2厘米，廣14.5厘米。半葉行十行，行二十字，白口，左右雙邊。湖北省圖書館藏；重慶圖書館藏，有“綴珊六十以後所得書画”、“九峰舊廬珍藏書画之記”等印。

五嶽山人集卷第一

吳郡黃　省曾　著

賦九首

悲士不遇賦一首

嗟嗟叔運吁乎嘅矣搏剽豪奪淪千載矣風安習
成莫之攺矣庶翌平理其誰采矣委而舍旃民周
壞矣遽遽皇皇泣沾灑矣河清鳳歸老不待矣末
如之何蹈滇海矣彼陶化之網密兮惟登物而阜
生仁既有所不逮兮乃畀授於上英何既練之以
才美兮又俾躓頓而瘁沉遊淒落之宮圉兮詠先

09219　五嶽山人集三十八卷　（明）黃省曾撰　明嘉靖刻本

匡高18.6厘米，廣14.2厘米。半葉十行，行十九字，白口，左右雙邊。山西
師範大學圖書館藏。

璉川詩集卷一

吳興施峻平叔著

五言古詩二十二首

武夷

良辰屬延游盤巖入窈窕山風開宿霏江

霞爛初照叢菁闓靈跡紛詭動退眺寒泉

漱方池飛檻憑員嶠芝蘅爭芬敷猿狄競

清嘯九曲歷幽浚萬象覯玄妙臇兹遺世

【璉川詩集卷一】

09220 璉川詩集八卷　（明）施峻撰　明嘉靖三十八年（1559）刻本

匡高19厘米，廣13.2厘米。半葉八行，行十六字，白口，左右雙邊。浙江大學圖書館藏。

幀滿之道者也洪惟朕　皇祖高皇帝代　天復世

之於先王　德澤洽於民心亦繼之以嗣王能盡持盈

者能保持之耳上至夏商垂及唐宋亦若是焉皆基

周之所以享祚久本於文武之所積累亦後之繼承

君者何如耳但傳云惟周之　世最多國祚恒久然

世有久近而其君之歷年亦有長短安之皆自其爲

皇帝制曰朕思首自三代以來迄於宋終中間雖歷

策　　廷試

方山薛先生全集卷一

09221　方山薛先生全集六十八卷　（明）薛應旂撰　明嘉靖刻本

匡高19.5厘米，廣14.3厘米。半葉珍行，行二十字，白口，四周單邊。天津
圖書館藏。

南宮奏議序　　　　　代張陽峯公作

夫自昔聖王將整齋寰宇表示来世增高累厚豈當不在於
禮樂哉然匪獨其神明茂也亦必有良喆之助焉粵有虞民
之典禮樂也特屬虁龍周公旦有大勳勞於王室後之頌者
必以作禮樂為稱首此以見其用之為大而制治弘化之原也
當其時元首股肱貞明純一創儀矱以先天下莫不惇叙而
秩叙迨至後世上鮮完德下罕碩輔乃其建制率皆襲陋沿

列聖恢張今

朝　二祖創述
　簡靡可得而稱述已我

王鶴集卷之二　　　　　　　　　　永嘉王健著

09222　鶴泉集不分卷　（明）王健撰　明鶴泉書舍抄本

匡高18.3厘米，廣13.4厘米。半葉十行，行字不等，藍格，白口，左右雙邊。浙江省瑞安市文物館藏。

二谷山人南署集

賦

讀鷦賦賦 有序

司勳皇甫大夫舍中馴鷦十餘餒

被言欲行則放鷦于野鷦有去而

復還者大夫感之作鷦賦讀之悽

愴決絶余以大夫徃忤中貴承譴

江湘旣狎於憂患且君子焉徃而

09223 二谷山人集二十四卷緱山侯氏譜二卷 （明）侯一元撰　明嘉

靖刻本

匡高15.4厘米，廣11.2厘米。半葉八行，行十六字，白口，左右雙邊。浙江

大學圖書館藏。

二谷山人集之甲 江右稿

教惠蜚聲冊敘

外史氏曰夫世詎可一日而弛名教哉今天下

同惠西北則有虜東南則有倭連歲爲寇民不

得息以爲是治亂安危之所懸也廼余私憂過

計患有大於此者節槩不立名賤廉恥衰則人

務得而重死故吏不廉平日事以朘民民集訛

不巳則偷而爲賊務得也武將健卒見賊則走

婦女執不自引決或隨而去或贖而歸重死也

馴斯以往亂何由弭是乃元氣之病心腹之虞

09224　二谷山人集十卷　（明）侯一元撰　明嘉靖刻本

匡高15.2厘米，廣10.6厘米。半葉十行，行十八字，白口，四周單邊。天津圖書館藏。

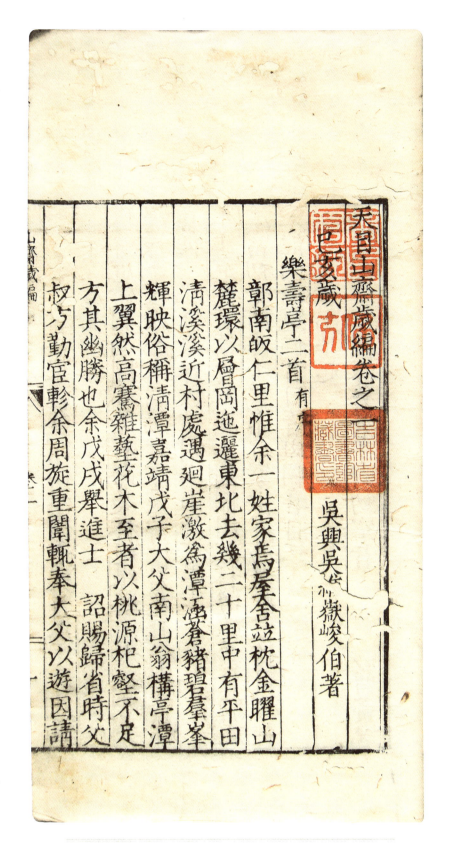

09225 天目山齋歲編二十八卷 （明）吴維嶽撰 明嘉靖刻增修本

匡高19.3厘米，廣12.5厘米。半葉十行，行二十一字，白口，左右雙邊。吉林省圖書館藏。

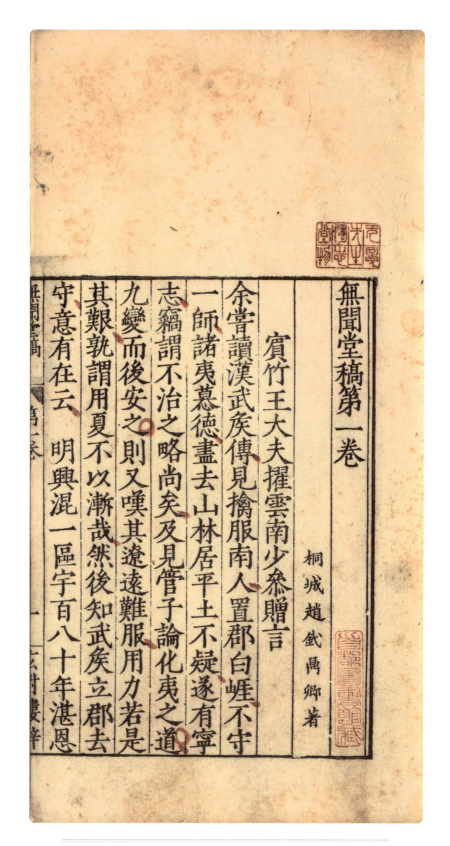

09226 無聞堂稿十七卷 （明）趙鈗撰 **附録一卷** 明隆慶四年（1570）

趙鴻賜玄對樓刻本

匡高18.6厘米，廣13.6厘米。半葉九行，行十八字，白口，左右雙邊。紀昀批。有"高苑張書船家藏圖書"、"無竟先生獨志堂物"等印。首都圖書館藏。

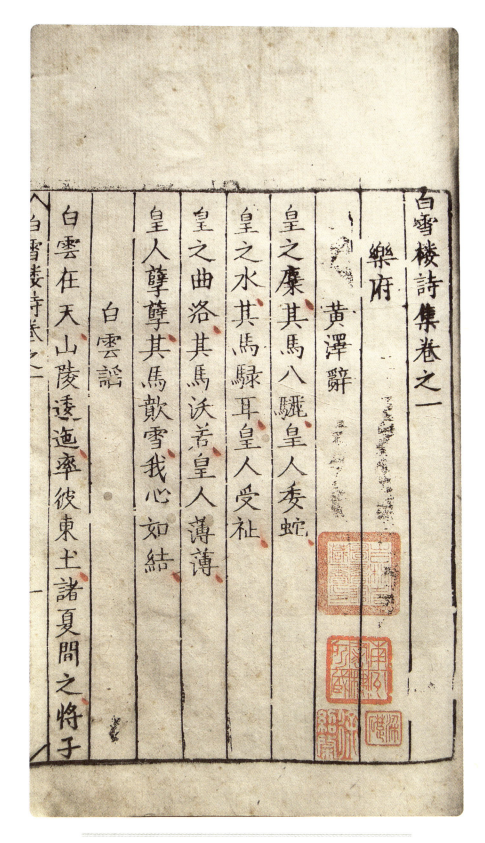

09227 白雪楼詩集十卷 （明）李攀龍撰 明嘉靖四十二年（1563）魏

裳刻本

匡高21厘米，廣14.7厘米。半葉九行，行十八字，白口，四周單邊。有"徐
湯殷"等印。吉林省圖書館藏。

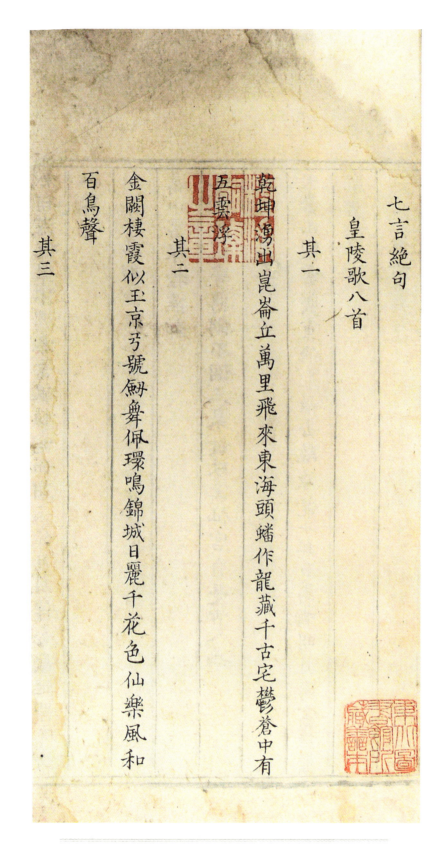

七言絕句

皇陵歌八首

其一

乾坤湧出崑崙立萬里飛來東海頭蟠作龍藏千古宅鬱蒼中有

其二

金闕樓霞似玉京弓號鱍舞佩環鳴錦城日麗千花色仙樂風和

其三

百鳥聲

09228 張月泉詩集不分卷 （明）張元諭撰　明抄本

匡高22.9厘米，廣15.9厘米。半葉九行，行二十五字，藍格，白口，四周雙邊。遼寧省圖書館藏。

澗濱先生文集序

文豈易言哉傳曰文以載道則文者道之興也故古之君子體道以成文六經是也今之君子績文以明道諸子集是也不詭于聖人之經則子集文也亦道也三代而下以文名家者無慮什伯爾獨韓歐數君子冠絕一代為其不詭于聖經爾若燕許韓歐若非不文者蓋無見於道而徒組繪章句之間以炫天下之觀聽卒致文曰工而道日裂君子謂之虛車已爾矣其文昔官南宮因以質同舍郎時澗濱子聞而悅之若深有感焉者嗣是日携草示余為莫蓮交甃大余言炎以夾澗濱于哉澗濱子生有異質七歲以奇童名稍長游邑庠文名輒殷

澗濱先生文集卷之一

明 黟郡 駁司郎中徐文沔著

頌類

瑞穀頌 伯序

我

皇上垂拱之三十七年時屆孟秋閏月既脁 帝降瑞穀一本三穗者一兩穗者五十有五田畯獻功 宸情豫喜以示臣某臣愚無知請釋其理臣聞一者太極也易有太極是生兩儀人與兩儀並列而為三才今穀有一本三穗者一以一貫三承三為一所謂天地人之至妙至妙其徵未在我 皇上則是秉一御宇參天地燮

09229 澗濱先生文集六卷 （明）徐文沔撰 **附集一卷** 明嘉靖四十四
年（1565）何鎧刻本
匡高19.4厘米，廣14.2厘米。半葉十一行，行二十一字，白口，左右雙邊。
有"金星軺藏書記"、"桐軒主人藏書印"等印。安徽省圖書館藏。

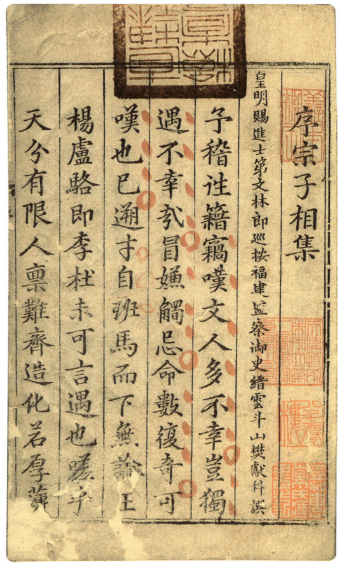

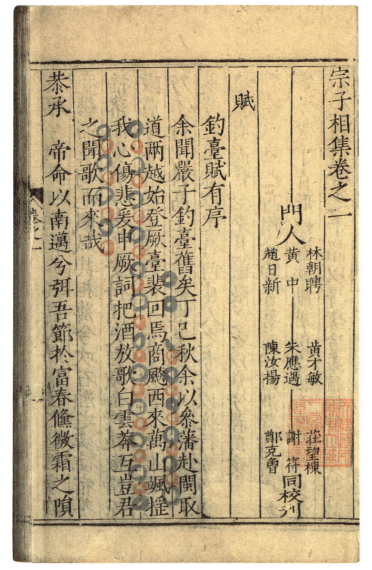

09230、09231 宗子相集八卷 （明）宗臣撰 明嘉靖三十九年（1560）

林朝聘、黃中等刻本

匡高19.6厘米，廣13.9厘米。半葉十行，行二十字，白口，四周雙邊。首都圖書館藏，有"許世章"、"京江燕翼堂錢氏藏書"等印；天津圖書館藏，有"嘉惠堂丁氏藏書印記"等印。

青蘿館詩卷之一

吳興徐中行著

五言古詩

題西園雅集卷

西園美清夜置酒臨高樓涼飈散暄濁飛蓋聊
行游芙蓉被幽渚好鳥鳴河洲皓皓鄴城月蕩
漾清漳流眾星粲以繁冠佩列應劉王盤膽神
魚艷曲奏箜篌賢王重片善磬折恒相求文雅
蟠爵縱橫賓主紛勸酬慶雲布優渥何言澤不周

青蘿館詩 卷一

三百四十八

09232 青蘿館詩六卷 （明）徐中行撰 明刻本

匡高20厘米，廣14.4厘米。半葉九行，行十八字，白口，左右雙邊。雲南大
學圖書館藏。

被褐子卷之一

朝邑王學謨子楊甫撰

序

。馬文莊公文集序

夫道豈不豐忌言弌而當世作者蔚起蓋不得已而
應人間世際昌運抒情素或自下蒯上或宣布
天子漏澤紀行藏而闡幽微天道人事具焉世以其
文之爛然巨麗當於立言差於立德很稱令聞長世
等爾君子曰迹者覆也豈其所以迹獨不聞有德者
必有言邪生則人綱人紀沒則延慕不已其係天下

十五

09233 被褐子五卷 （明）王學謨撰 稿本

匡高23厘米，廣13.5厘米。半葉九行，行二十字，藍格，白口，四周單邊。

陝西省圖書館藏。

—— 024 ——

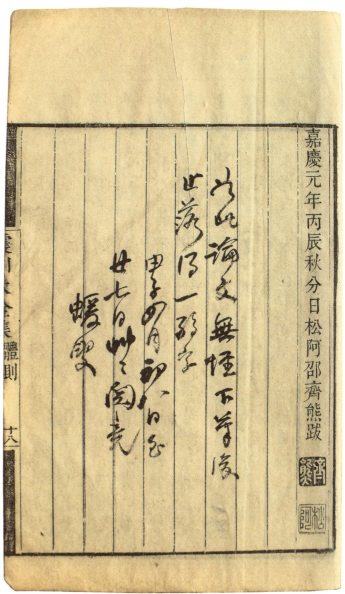

震川大全集卷一

經解

易圖論上

易圖非伏羲之書也此邵子之學也昔者庖羲氏之
王天下也仰則觀象于天俯則觀法於地觀鳥獸之
文與地之宜於是始作八卦以通神明之德以類萬
物之情蓋以八卦盡天地萬物之理宇宙之間洪纖
巨細往來升降生死消息之故悉著之於象矣後之
人苟以一說求之無所不通故雖陰陽卜數納甲飛
伏坎離填補卜數隻偶之類人人盡自以爲易而要

震川大全集卷一

二

嘉慶元年丙辰秋分日松阿邵齊熊跋

09234 震川大全集三十卷別集十卷補集八卷餘集八卷先太僕評點史記例意一卷歸震川
先生論文章體則一卷 （明）歸有光撰 清嘉慶元年（1796）歸朝煦玉鑰堂刻本

匡高18.8厘米，廣14.8厘米。半葉十行，行二十字，黑口，左右雙邊。何紹基批點。徐楨立跋。湖南
省社會科學院圖書館藏。

樵雲詩集

元旦謁

文廟

泮水橋門面碧湖黌宮儀殿屹 洪都乾坤已

立三才極洙泗誰分半席徒列辟昔曾霑過

化封人猶會識真符往踪自愧踈名教元旦

寧忘謁

聖模

元旦試筆

御曆星緯頒正朔洪城簫皷慶茲辰鐘□□□

09235 樵雲詩集一卷 （明）朱拱桱撰　明嘉靖刻藍印本

匡高19厘米，廣13.1厘米。半葉十行，行十七字，白口，四周雙邊。寧波市
天一閣博物館藏。

四溟山人全集卷之一

五言古體二十三首

少林感舊篇因示鎮性禪子乘憶宗書上人

蒼蒼列峯巘鬱蟠挺松柏
少林常形勝登攀幾詞客
中有惠遠流舊識非凡格
謂我猶疎曠一訝頭全白
澹交偶爾忘相對復時昔
人生若沙鳥飛去不言迹

東郡　謝榛　著
東郡　蘇濬　全校
赤城　陳養才　全閲
東郡　張季彦　詳枕
新安　程兆相　詳枕

09236 四溟山人全集二十四卷　（明）謝榛撰　明萬曆三十二年（1604）

趙府冰玉堂刻本

匡高19.8厘米，廣14.6厘米。半葉十行，行二十字，白口，左右雙邊。有
"增湘"、"雙鑑樓藏書印"等印。傅增湘跋。山西博物院藏。

太山藁

吳郡陸采著

發舟書懷寄義與陳文學兄弟

嬰組非阮徒畢婚豈尚類曰余值休明薄遊聊
娛歲幸施頁薪苦且免秉鋤未甚拙旣時達昏
痗亦神悙鬱鬱墟里悲遙遙海岳對遂發澄湖
湣慷慨辭朋菫解纜雪濤阻肅舲春焱背凌寒
氣自雄越險志靡悔蓋弭雙河陰策搖孤洞內
摩霄有遐慕俯塵無近愛川停握金膏谷賞紉

09237 天池山人小稿五卷 （明）陸采撰　明刻本

匡高17.4厘米，廣12.7厘米。半葉九行，行十八字，白口，左右雙邊。寧波市天一閣博物館藏。

樂府

鞞歌行

淋池歌　　塘上行

紫騮馬　　招商歌

　　　　　銅雀歌

歐虞部選集卷之一

嶺南歐大任槙伯甫著

郡人曾仕鑑人倩甫選

樂府

豔歌行

日出東南隅陌上光杲杲妾心畏籠蠶饑閨中起

常早言採陌上桑少年逢路旁駟馬立踟躕遣

吏下請將妾晩長太息妾家有夫侍中郎侍中

五日一洗沐門前車馬爛生光君自有婦妾有

09238 歐虞部選集十四卷 （明）歐大任撰　明萬曆刻本

匡高18.5厘米，廣13.8厘米。半葉九行，行十八字，白口，四周單邊。山東省文登市圖書館藏。

青雀集卷之上

太原王穉登撰

詩

出都門馬上口號

長安東門別立馬青松下關吏來笑人前年葉

纁者

下滹沱

青瑣故人稀青山憶採薇雨兼花共落春較客

先歸臺豈黃金在田應白璧非滹沱何太急臨

發更依依

09239 青雀集二卷 （明）王穉登撰 明隆慶四年（1570）朱宅快閣刻本

匡高19.4厘米，廣13.6厘米。半葉十行，行十八字，白口，左右雙邊。中山大學圖書館藏。

溪山堂艸卷之一

繡水沈思孝純父著

戲歲後同李伯遠艤舟雲川遲范東生

欲遠風塵色相將茗雲行梅舍仍臢意鷗泛

已春聲倚棹同元禮開尊憶巨卿山川信清

宋良可結幽盟

憨慈感寺

名障那堪避空門暫托居山川法界裏臺殿

09240 溪山堂艸四卷 （明）沈思孝撰　明萬曆刻本

匡高20.2厘米，廣13.9厘米。半葉八行，行十七字，白口，四周單邊。
有"顧印嗣立"、"俠君"、"秀埜草堂顧氏藏書印"等印。四川省圖書
館藏。

清音閣集卷之一

吳江顧大典著

門人龍宗武校

賦

秋懷賦 有序

嘉靖辛酉之歲予春秋二十有一戰藝

再北病卧逆旅于時秋也百感易生一

塗難忍以是與懷懷可知矣因作秋懷

賦其辭曰

清音閣集 卷之一 一

09241 清音閣集六卷 （明）顧大典撰　明萬曆刻本

匡高18.4厘米，廣14.3厘米。半葉九行，行十六字，白口，左右雙邊。張家
口市圖書館藏。

湟中牘卷一

雲中萬世德伯脩父著

燕山門人張紹魁較正

報里中諸生

項儌過里辱知巳念久客一切隆渥相加遺顧
道路之人暫得休沐會與災適奪之牀褯偃卧
經時以不得效綢繆於左右盡此間闊轉聆戚
岐又承人之唯是河西之役眷言遠遊深愛曲
存等之骨肉匆匆別去隔在天末秋風塞草巳

09242　湟中牘七卷家食稿一卷　（明）萬世德撰　明萬曆刻本

匡高20.1厘米，廣14.1厘米。半葉九行，行十八字，白口，四周雙邊。石家
莊市圖書館藏。

雍野李先生快獨集卷之一

濟水李堯民昈堯父著

四言古詩

乞侯中鵠石竹

森森人立一梅二松雨三竿竹夜來化龍二友

衙徨如駆失蛩君家吞竹燁矣南榮無枝不節

如竹斯莖無時不花如竹斯貞二友日來聊與

弟兄登其竹名而不竹清願言嫁之成友三生

快獨集

五言古詩

09243 雍野李先生快獨集十八卷 〔明〕李堯民撰 明萬曆三十六年

（1608）康丕揚刻本

匡高20.1厘米，廣14.2厘米。半葉九行，行十八字，白口，四周單邊。山東
省圖書館藏。

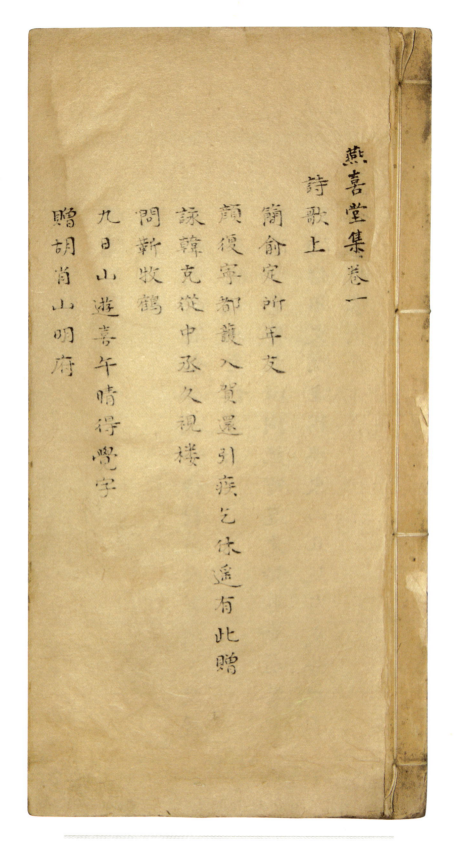

燕喜堂集卷一

詩歌上

簡俞定所年友

顏復寧都護八賀還引疾乞休遂有此贈

詠韓克從中丞久視樓

問新牧鶴

九日山遊喜午晴得覺字

贈胡肖山明府

09244 燕喜堂集十五卷 （明）劉一相撰　清抄本

半葉八行，行二十字。山東省圖書館藏。

數馬集卷之一

溫陵黃克纘紹夫著

	男	道敬 道貞
		道爵 道守 編次
		道賜 道璇
姪	道炅 宗兆馥
孫	隆駿 兆穆
曾孫	觀光 全較
		乾

奏疏

大權不可下僭疏

大權不可下僭

題爲大權不可下僭

欽差不宜擅稱棍徒許冐大干法紀懇乞

聖明亟行提問正決以尊

09245 數馬集五十一卷 （明）黃克纘撰 明天啓刻本

匡高20.9厘米，廣14.2厘米。半葉九行，行十八字，白口，四周雙邊。福建師範大學圖書館藏。

萬二愚先生遺集卷之一

姪　尚烈校刻

奏疏

山西道監察御史萬國欽奏爲大臣互黨誤

國欺君致遺虜患懇乞

聖明亟賜罷斥決意征勦以保治安疏

臣近接邸報屢見總督梅友松撫臣趙可懷巡

按崔景榮張天德等所奏邊事旦夕憂惶措躬

無地蓋漆室之女尚知憂國重義之士一飯不

萬遺集　卷一

09246 萬二愚先生遺集六卷 （明）萬國欽撰　明萬曆三十七年（1609）

萬尚烈刻清補修本

匡高21厘米，廣13.5厘米。半葉九行，行二十字，白口，四周單邊。吉林省
圖書館藏。

玉茗堂集選卷一

　　　　　　臨川湯顯祖著

　　　友人帥機選

賦

　遊羅浮山賦 有序

夫星圖粵地引潮汐於玄緪日次周天憂書

夜於陽陸然則南頒之南北戶之地固以興

象之所偏麗燭龍之所長寤美而盧嶽天子

之障衡山祝融之嶙樞軸雖連於西極經絡

09247　玉茗堂集選二十四卷　（明）湯顯祖撰　（明）帥機等輯　明刻本
匡高20.2厘米，廣13.5厘米。半葉九行，行十八字，白口，四周雙邊。有
"潛德堂藏書"等印。山東大學圖書館藏。

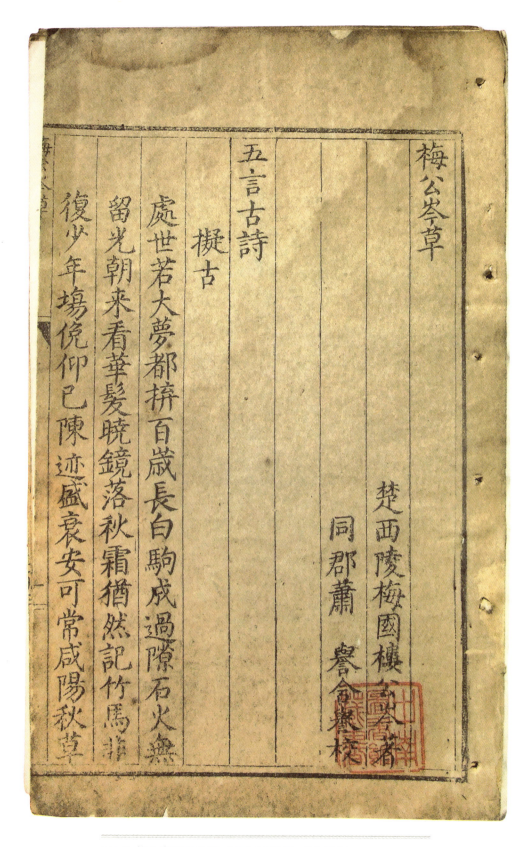

09248 梅公岑草不分卷　（明）梅國樓撰　明萬曆刻本

匡高21.7厘米，廣14.8厘米。半葉九行，行二十字，白口，四周雙邊。湖北省圖書館藏。

莊學士集卷一

得全莊天合撰

男以臨校

誥勅

桂國少保兼太子太保吏部尚書武英殿

大學士沈其曾祖父母

制曰公孤論道經邦寵在百僚之上國家報功

崇德恩隆四世之先益殊勳偕祖烈重光斯異

數與家聲並耀申 頒賚冊布告中朝爾贈光祿

09249 莊學士集八卷 （明）莊天合撰　明刻本

匡高21厘米，廣14厘米。半葉九行，行十八字，白口，四周單邊。濟南市圖書館藏，存三卷。

水鑑齋稿卷上

延陵丁鴻陽泰來著

春日早朝

青陽淑景散形闈斗漢蒼茫曙色微華月光餘

流鳳闕卿雲影動繞龍旂風飄花氣爐香合柳

度鸞聲禁漏稀朝罷千官嘶曉騎玉珂猶帶露

華歸。

天街觀　皇太子親迎　帝子來。瑞靄巳

鈞天聲動碧君霄迎金□遙傳

09250　水鑑齋稿□卷　（明）丁鴻陽撰　明刻本

匡高21.7厘米，廣14.5厘米。半葉九行，行十八字，白口，四周單邊。山
東省圖書館藏，存一卷。

縫掖集卷之一

　　古臨謝廷諒友可甫著

　　門人葉㷃時哲閱

　　鄧士竒證性

　　鄭之彥仲俊校

賦

遊天闕賦 并序

夫天台宅宴奥之區海涌翰斐麗之章遠寄

宴搜猶以爲恨是以與公馳神野王灑翰刻

縫掖集

卷一

09251 縫掖集十八卷 （明）謝廷諒撰　明萬曆三十五年（1607）葉長坤

刻本

匡高20.1厘米，廣14.6厘米。半葉九行，行十八字，白口，左右雙邊。首都

圖書館藏，存十五卷。

鏡山庵集卷之一

初删稿

一賦一首

　海上無無居士高出孩之著

文雉賦野人貢雉畜之樊中感而賦之遂放之

惟機星之應象兮散羽族之奇芳羡文雉之麗采

今秉耿介之殊方藝紀官于工正兮商徵翟以辨

章諒華虫之登被兮來重譯乎越裳揭雉鼎之爲

09252、09253 鏡山庵集二十五卷十八閣一卷 （明）高出撰　**紹鏡**
集一卷 （清）高珵撰　清活字印本

匡高20.3厘米，廣13厘米。半葉九行，行十九字，白口，四周單邊。河南省
圖書館藏，存二十六卷；山東省圖書館藏，存二十一卷。

駛雪齋集

秣陵張可大孔德甫著

海陽朱之儒爾醇甫校

真州婁江彙

寄懷朱惺復太守

憶昔朱門數素絲一聞詩禮便投戈春花爛熳

熊迎軾夜月晶熒虎渡河露滴梧桐驚別久淚

凝尺素感懷多丁丁伐木嚶嚶鳥似聽麻原五

09254 駛雪齋集一卷 （明）張可大撰　明刻本

匡高21.7厘米，廣14.6厘米。半葉八行，行十八字，白口，四周單邊。寧波
市天一閣博物館藏。

四然齋藏稿卷之一

上海黃體仁長卿父譔

門人王偕春子與父校

上海縣築浦塘記

今之為德於民也莫大於逆消其害而使民永享其

利顧利害有伏於所忽未必奄皇告急而愈緩愈迫

實切剝膚者非深識之士不能審見預圖即識及矣

以傅會視兹土或慮首事之難或畏眾喙之易亦多

浮沉簿書間寖淹引歲月二羑諠其責以去以故境

09255 四然齋藏稿十卷　（明）黃體仁撰　明萬曆刻本

匡高20.7厘米，廣13.5厘米。半葉九行，行二十字，白口，四周單邊。有
"慈谿畊餘樓"、"馮氏辨齋藏書"等印。湖北省博物館藏。

庚夏七發

頌帟居士劉錫玄玉受父撰

二疑

病疑

廣申夏南都疫氣甚盛余疫狀甚怪歷三七日而起
起而追憶惟首七日沉綿困睡乃至發譫乃至當午
對客而酷熱而大雨都不覺知此于疫法于苑法頗
合然此七日中遍體未曾作熱小小內熱而中乾外

掃餘之餘

頌帟居士劉錫玄玉受父撰

序

送徐眉虞守濟南序代

己未十月十八日 冊陽舟次作

余每讀晉太康詔方今天下無事所重惟民太守宜
得其才輒哦然嘆曰典午氏以用兵若神謀無再計
之英主而意乃偏注于重民且已手提神鶚能掃多
事為無事而又能扵無事時知重民以重太守彼綜

09256 掃餘之餘三卷 （明）劉錫玄撰　明末刻本

匡高21.5厘米，廣12.4厘米。半葉八行，行二十字，白口，四周雙邊。河南省圖書館藏。

柳堂遺集卷之一

武林胡胤嘉休復甫著

詩七十八首

獨酌

陶公乞食還濁醪歡相持謀醉不易得餘瀝愁東

籬我亦喜宴酣一觴畢所期飲言異斟酌至趣各

有宜黃花低冷色零露秋草滋一醉復一醒坐對

南山陲茫茫百年計惆悵空爾爲

讀史

柳堂遺集　　　卷之一　　　一

09257 柳堂遺集十三卷 （明）胡胤嘉撰　明萬曆刻本

匡高20.4厘米，廣13.5厘米。半葉九行，行十九字，白口，四周單邊。山東
大學圖書館藏。

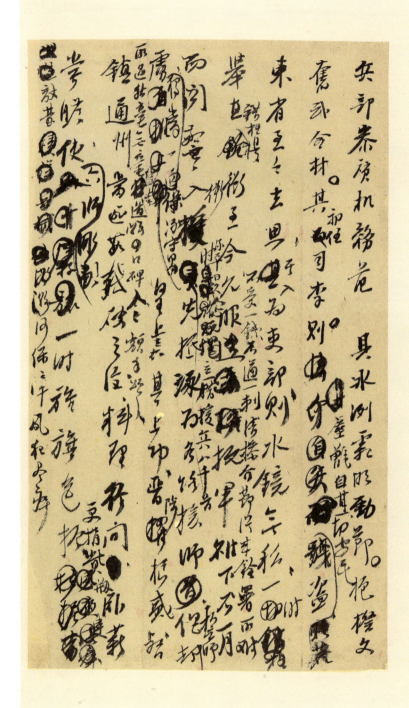

09258 范文忠公文稿不分卷 （明）范景文撰 稿本

張之洞題簽。左宗棠、張之萬、鹿傳霖、張之洞、劉恩溥、張佩綸、陸潤庠、王懿榮、陳寶琛、傅增湘、章梫跋。黃國瑾、兀魯特錫縝、吳淳源題詩。李鴻藻、陳夔龍題款。國家圖書館藏。

世篤堂稿

明東郡耿如杞樸公著

祭太倉文

國家怪重倉儲特飾廟貌錫以徽稱春秋之事

太常罔敢關伏寧獨禦災捍患神焉憑依凡我

官吏貞邪法紀振廢寔式陰騭而默相之故謂

人爲可欺者必不敢欺乎神苟質之神而可信

未有不信於人者也杞奉天子命監督兩倉受

事以來徐觀弊孔大率出納之際相與表裏爲

09259 世篤堂稿六卷　（明）耿如杞撰　**外集一卷風雲亭稿二卷**　（明）

耿明撰　**外集一卷**　清康熙四十五年（1706）耿鶴舉活字印本

匡高19.2厘米，廣14.2厘米。半葉九行，行十八字，白口，四周雙邊。蘇州

圖書館藏。

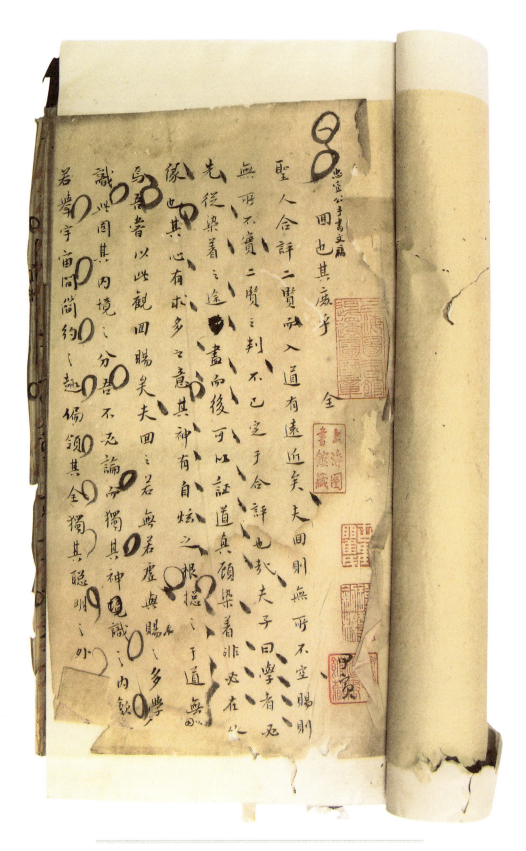

09260 明瞿忠宣公文稿不分卷 （明）瞿式耜撰　手稿本

半葉八行。有"鐵琴銅劍樓"等印。江蘇省常熟市圖書館藏。

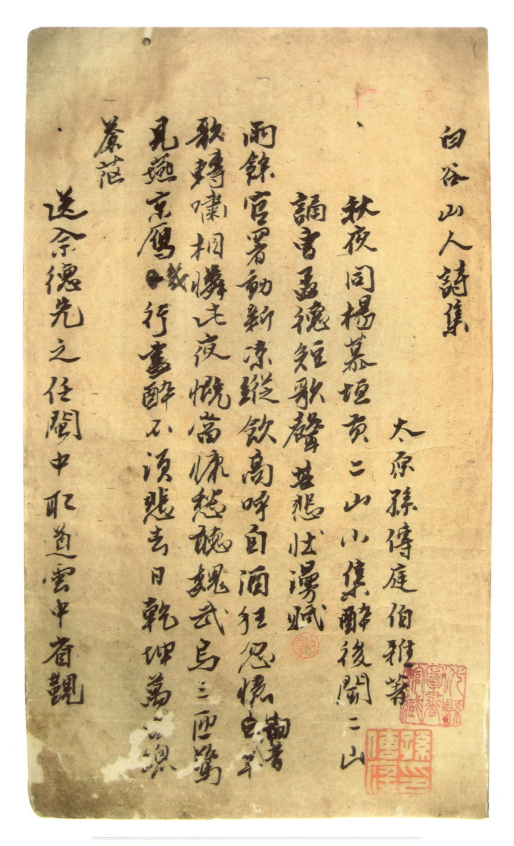

白谷山人詩集

太原孫傳庭伯雅著

秋夜同楊慕垣頁二山小集醉後闊二山

調書孟德短歌聲並悲壯湯賦

兩録官署勅新涼縱飲高呼自酒狂忍惋白牛年

歡嘯相勝毛夜悅當憾超槐魏武烏三匹萬

見趨克鷹敎行晝醉不須悲去日乾坤萬公須

巖范

送余德先之任閩中取道雲中省覲

09261 白谷山人詩集不分卷 （明）孫傳庭撰　稿本

半葉九行，行十八字。山西省代縣圖書館藏。

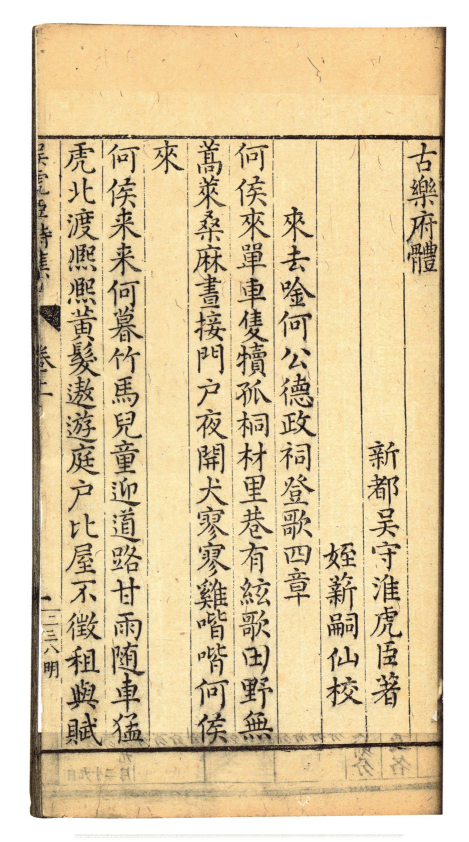

古樂府體　　　　新都吳守淮虎臣著

　　　　　　　　　姪薪嗣仙校

來去唫何公德政祠登歌四章

何侯來來單車隻犢孤桐材里巷有絃歌田野無

蒿萊桑麻晝接門戶夜開犬寥寥雞嘈嘈何侯

來

何侯來來何暮竹馬兒童迎道路甘雨隨車猛

虎北渡熙熙黃髮遨遊庭戶比屋不徵租與賦

吳虎臣詩集　卷上

〔二三八〕明

09262 吳虎臣詩集二卷　（明）吳守淮撰　明萬曆十七年（1589）吳薪
刻本
匡高20.2厘米，廣13.8厘米。半葉九行，行十八字，白口，左右雙邊。無錫
市圖書館藏。

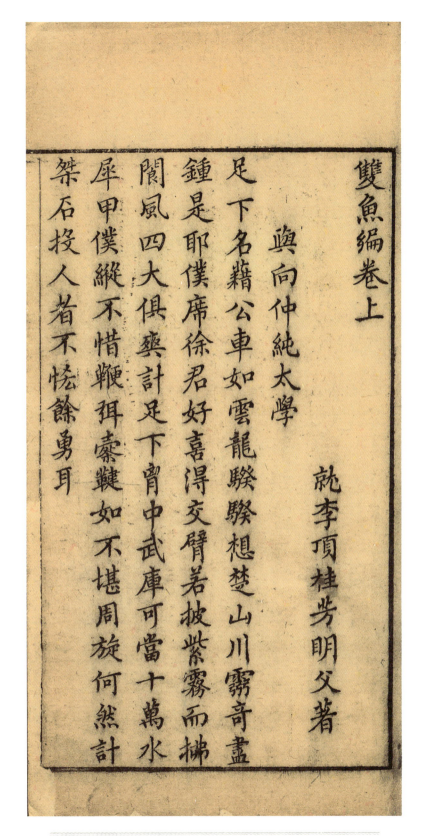

雙魚編卷上

與向仲純太學 㑹李項桂芳明父著

足下名籍公車如雲龍驥騄想楚山川霛奇盡
鍾是耶僕席徐君好喜得交臂若披紫霧而拂
閶風四大俱癭計足下胄中武庫可當十萬水
犀甲僕縱不惜鞭弭橐鞬如不堪周旋何然計
桀石投人者不惋餘勇耳

09263 雙魚編二卷二編二卷三編二卷 （明）項桂芳撰　明萬曆二十三
年（1595）周子文刻本

匡高20.9厘米，廣12厘米。半葉八行，行十八字，白口，四周單邊。山東大
學圖書館藏。

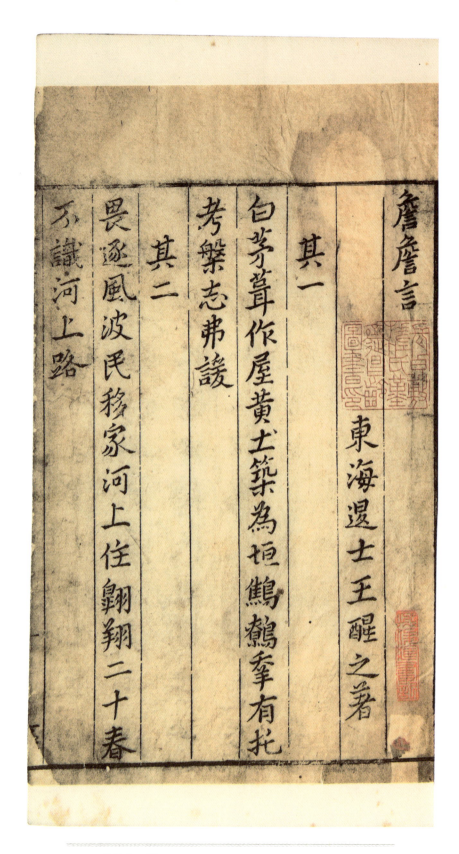

09264 詹詹言一卷 （明）王醒之撰　明蒼蝶齋刻本

匡高19.5厘米，廣14.1厘米。半葉八行，行十五字，白口，四周單邊。山東省圖書館藏。

卷六十有六

雜著

懿畜

解晉薛瑄岊正
王恕馬文升劉大夏
夏原吉于謙王守仁
黃福王翱梁材
倪岳楊守陳吳寬
陳選呂柟舒芬

黃子錄

疏

自明試務疏

門人洪思洁士考正
後學柯蔭樾山集解

思曰上烈帝也予以庚午四月抵京
師居止何遽有出掌浙江試墠之命于
是德南子在廉内日與分考諸臣每日
出必堂上焚香遠迎北面再拜然後鼓
看卷夜盡一獨乃散子散食貴人子弟
堂上進卷止私謁一時楷貴人子弟莫
不咸怨在烈帝初法亦補貴密矣試事
且畢誼不敢漟乃亟入告自述其試狀
以明不欺為甬

09265 黃子錄六十六卷 （明）黃道周撰 （清）洪思考正 （清）柯蔭集

解 清抄本
匡高21.9厘米，廣16.4厘米。半葉九行，行十八字，小字雙行同，白口，四
周雙邊。山東省圖書館藏。

松圓偈庵集卷上

序

婁翁墾洋先生壽序

新安　程嘉燧孟陽　著

萬曆戊戌孟春予柔之尊人壽七十先是先
之女若壻將獻螽履爲壽先生辭焉故凡我親
朋皆莫克登堂奉觴以爲關於綢繆之文嘉燧
獲侍先生之日久矣見其家人父子之間深有
以自得者則世俗一日讙賀之樂宜其視爲煩
且勞也先生少業科舉踰壯不售聚徒授經以

09266 松圓偈庵集二卷 （明）程嘉燧撰　明末刻本

匡高18.4厘米，廣12.5厘米。半葉十行，行十八字，細黑口，左右雙邊。山
西大學圖書館藏。

崇禎丁丑冬

逐史一部化于胸中、书校、所编
詩文皆苍奇之氣、不自古也也人
六後史記行以不詩未比平
嘉慶三年十一月十一日慈斋
敬謹後

梅花屋詩草

嶺役高山 壬申

維嶽與良岳 大夫治地也、過而心悲作四章

嶺役南山白雲 在嶺行人皆望宗神所光

嶺役高山高邑 其隔高山世歡之實偏宗

有邑屹 文雄如其貌如過我墟如入我廟

我瞻巍巍、我馬騑騑、風不靜兮孤忠心悲

靈潭詩

海上左懋棠蕪石著

09267 梅花屋詩草一卷 （明）左懋第撰　稿本

左心鈐跋。山東省博物館藏。

待而竟不可待先是請於先大夫造焉
以驗其待者竊之私滲恐久病不勝衣乃
昆勅同候者勿問溷我鎖翮焉於小樓中
棋書設像曝迆起坐令學者向誦彌忛觀
音各一聲而迆駕呼黑報此是不足與也
古之學道者薫修淨戒良餘以身為困以
道為果彼苦節之賜撑持一生其以脱驂
汙泥立躋覺路固其宜也獨念呈間女子
苦節者有美栢舟之聲獨亨先榮後暉耳
姑以閨房之秀孅晚廿年藉蘭蒲而不
言張琴瑟而弗御秉心自媚傾影宜惜
此與勞面截耳憤塊一時者其雜易不
大有間乎姑平居圖謂人曰吾嘗身如城
匪楬号夸君夫之凱重念文貞公家聲赫
耳明大義以斷庸情其勵志如此世則
姑之明悟卓之能自力於死生之際者其

再遊草敘

嘗意文采清尚者或不閑

錢穀兵戎而幹濟者或乏

韻藻若王湘客少叅有異

窬咏

乙卯

渡江

琅琊王若之著

信宿山郵竟旅程方舟快得大江行檣迎曉、

日千尋轉帆借春風一羽輕襟帶東南開勝

聚朝宗豐鎬是周京中流擊楫重回首　聖

意

安不怠危

世興圖久廓清。

久字中有

09269 **再遊草一卷** （明）王若之撰　明崇禎刻本

匡高19.7厘米，廣13.4厘米。半葉八行，行十七字，白口，四周單邊。陝西省圖書館藏。

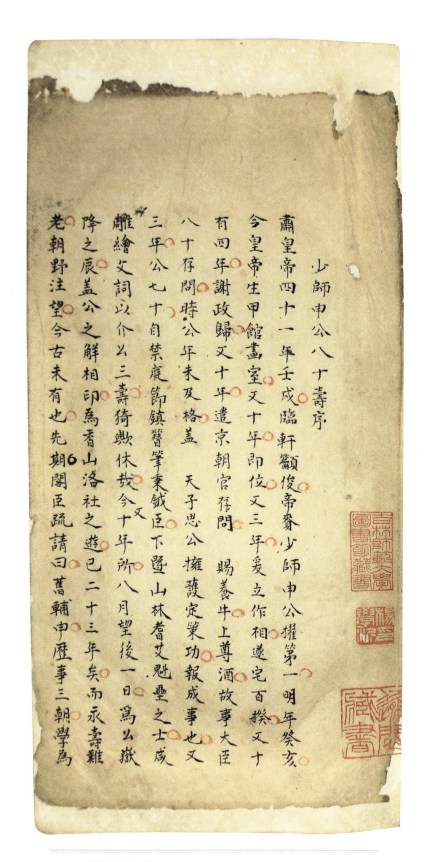

少師申公八十壽序

肅皇帝四十一年壬戌臨軒籲俊帝賚少師申公擢第一明年癸亥
今皇帝生甲館畫室又十年即位又三年愛立作相遂宅百揆又十
有四年謝政歸又十年遣京朝官存問　賜養牛上尊酒故事大臣
八十存問時公年未及格蓋　天子思公擁護定策功報成事也又
三年公七十自禁庭節鎮簪筆秉鉞臣下暨山林耆艾魁壘之士咸
離繪文詞以介公三壽猗歟休哉今十年所八月望後一日爲公獄
降之辰蓋公之解相印爲香山洛社之遊已二十三年矣而永壽難
老朝野注望今古未有也先期閣臣疏請曰蕭輔申歷事三朝學爲

09270 簡堂集不分卷 （明）馬元調撰　清抄本
半葉九行，行二十六字。東北師範大學圖書館藏。

和古人詩卷

汲古閣集

和古人詩

月節折楊柳歌

常熟　毛　晉　子晉

　正月歌

春姿著柳條半帶怯寒色東風吹幾朝　折楊柳　淡

　二月歌

靄籠關河鳥囀歡可數

人心入醉鄉夢逐杏花村雙燕語朝陽　折楊柳　風

　三月歌

色深深染淡掃那能久

09271　汲古閣集四卷　（清）毛晉撰　稿本

匡高21厘米，廣15.2厘米。半葉十行，行十九字，白口，左右雙邊。王振聲校並跋。江蘇省常熟市圖書館藏。

此傳得最確出最先援事直書字一棗院嗣後名曰傳者紛々大約
本此余錄之存其始也其餘名作如傳如詩及少者逸事行遍搜彙
集如騷選之類刻云

小青焚餘　含秋亭主人評閱
詩詞 計十二首

○○○其一　不情不緒字已婉折

雪意閣雲雲不流舊雲正壓新雲頭來顛顛筆落窓外松嵐
秀處當戒樓盡簾只愁新景好捲簾又怕風繚繞簾捲簾曲庭事
難不情不緒誰能曉爐烟漸瘦剪殘年小又是孤鴻唳悄々

小青傳

小青者武陵某生姬也家廣陵與生同姓故諱之僅以小青字云姬凤
根頴異十歲遇一老尼授心經一再過了々覆之未失一字尼曰是兒
早慧福薄顏乞作弟子即不爾無令識字可三十年活耳家人以
為妄嗤之母本女塾師隨就學所遊多名閨遂得精涉諸技妙解音律
江都故徐麗地或諸閨彥雲集茗戰手談衆偶紛熙姬隨變酬荅悉
出意表人人唯恐失姬雖素閒儀則而風期逸艷綽約自好其天性也
十六歸生生豪家公子也性嘈囋悲跳不韻婦更奇妒姬曲意下之終不解
一日隨遊天竺婦問曰吾聞西方佛無量丙也多導她也大士者何姬曰以其慈

09272　**小青焚餘稿一卷**　題（明）馮小青撰　**小青傳一卷**　題（明）盞

盞居士撰　明崇禎四年（1631）黃來鶴抄本

匡高19厘米，廣11.5厘米。半葉九行，行字不等，藍格，白口，四周單邊。

寧波市天一閣博物館藏。

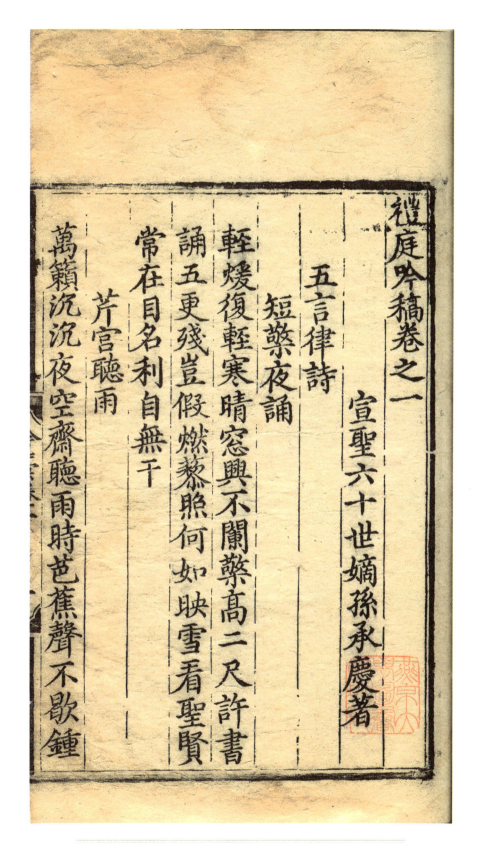

禮庭吟稿卷之一　宣聖六十世嫡孫承慶著

五言律詩

短檠夜誦

輕煖復輕寒晴窓興不闌檠高二尺許書

誦五更殘豈假燃藜照何如映雪看聖賢

常在目名利自無干

芹宮聽雨

萬籟沉沉夜空齋聽雨時芭蕉聲不歇鍾

09273　禮庭吟稿三卷　（明）孔承慶撰　明景泰六年（1455）順天尹王氏

刻本

匡高21.5厘米，廣15.1厘米。半葉九行，行十七字，黑口，四周雙邊。北京

大學圖書館藏。

西崦集卷之一

五言古體

雜詩

飄風報長薄夕日澹無輝良人久楚蜀今在沉水西別

時春花發秋葉忽已飛無由通精神夢寐長相隨欲寄

一尺書臨風久徘徊游鱗没水曲征鴈杳雲涯哀猿常

對吟凍鳥亦並栖居然獨處廓坐使恩愛違何能一會

晤以慰悽惻懷

浮萍無根株泛泛江海間狂風簸巨浪漂泊何當還亦

似離家容長年去鄉關莽莽涉萬里迢迢度千山沉憂

弘治癸亥金蘭館刻

卷一

二

09274　西崦集十卷　（明）孫蕡撰　明弘治十六年（1503）金蘭館銅活字印本

匡高21厘米，廣15.1厘米。半葉十行，行二十一字，白口，左右雙邊。有"趙
氏元方"、"一廬十駕"、"趙鈁珍藏"等印。傅增湘跋。國家圖書館藏。

顏山農先生遺集卷之一

榜文

急救心火榜文

同邑後學尹繼美編校
瀘溪旅裔顏學淵校刊

庚子秋闈榜告急救心火於江西城會講在豫章
同仁祠中翕徐信從士類千五百人內得建昌羅
近溪與農矢志終明聖學
竊謂天地之所貴者人也人之所貴者心也人爲天
地之心心爲人身之主獸朕淵浩獨擅神聰變適無

成豐六年鐫
顏山農先生遺集
瀘溪慶餘書屋藏

09275 顏山農先生遺集九卷 （明）顏鈞撰　清咸豐永新顏氏族刻本

匡高18.6厘米，廣12.3厘米。半葉十行，行二十字，白口，左右雙邊。中國
社會科學院歷史研究所圖書館藏。

高人何以事与幽花□□葛清秋晚時持翠柏匜
□、玉霊□耿、霜霉安仙細兩石厨葴蘆以為郊

可菊

蓬山所清雨前春□月□雲□竹扇禪榻有□詩
頗牧瓶□聲精石福□□人□□□□羗羙□宣□

可茶

乃品水碰□波山□生□羊寡□□□□□□中作

寅芝

海上仙人瑜白練袖中□、尤光芝嫜□□□□□
□□□□幽□玉霊□

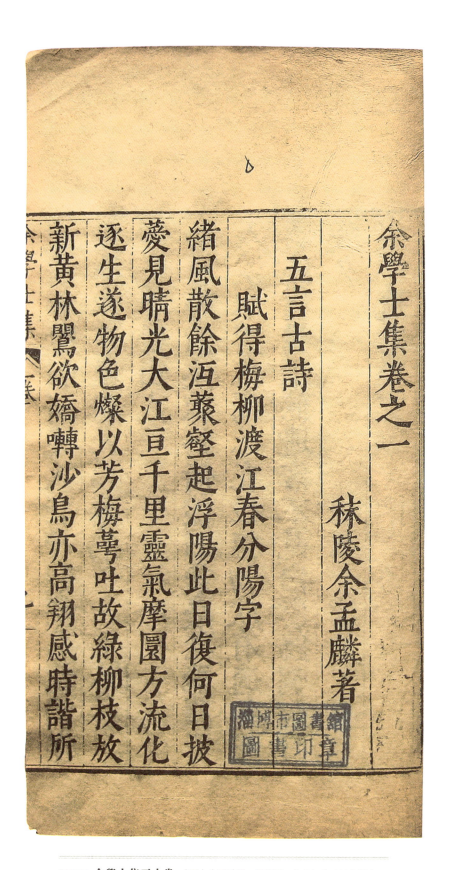

余學士集卷之一

秣陵余孟麟著

五言古詩

賦得梅柳渡江春分陽字

緒風散餘沍兼壑起浮陽此日復何日披

薆見晴光大江亘千里靈氣摩園方流化

遂生遂物色燦以芳梅蕚吐故綠柳枝放

新黃林鸎欲嬌囀沙鳥亦高翔感時諧所

09277　余學士集三十卷　（明）余孟麟撰　明萬曆二十八年（1600）刻本

匡高19.7厘米，廣14.2厘米。半葉八行，行十六字，白口，四周雙邊。淄博市
圖書館藏。

潛虬山人詩集卷之一

歙佘育撰

樂府

長相思

長相思妾在越南君薊北萬水千山斷消息功
成何日是歸期妾身恐化山頭石春去春來揔
不知萋萋芳草遍天涯流鶯啼破午窓夢鬢亂
釵橫腸斷時長相思向誰說西風回首芙蓉花
照水芳菲易消歇

薄命妾

薄命妾父母早亡衣食缺妾身多病未嫁人針

09278 潛虬山人詩集十卷 （明）佘育撰　明嘉靖十二年（1533）刻本

匡高18厘米，廣14.2厘米。半葉十行，行十八字，白口，左右雙邊。重慶圖書館藏。

毛虛吾先生傳

海虞有毛虛吾先生者今之古人也生而穎

異九歲愽洽羣書才具敏給可拾青紫如芥

父璽公艱嗣至六十誕日始舉先生以遲莫

得子不忍苦之以學惟奠其成立克家又以

素信命理與日者推先生造大書奉弟力田

四字授先生先生佩服父命不干進取八卽

以先生為孝先生旣承父業惟盡子職思拓

林茂之文

09279 林茂之文草一卷賦草一卷 （清）林古度撰 明崇禎刻本

匡高18.5厘米，廣14.1厘米。半葉八行，行十七字，白口，四周單邊。無錫
市圖書館藏。

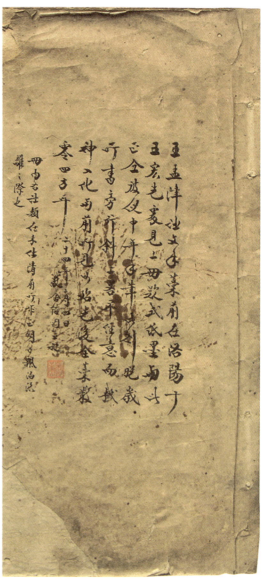

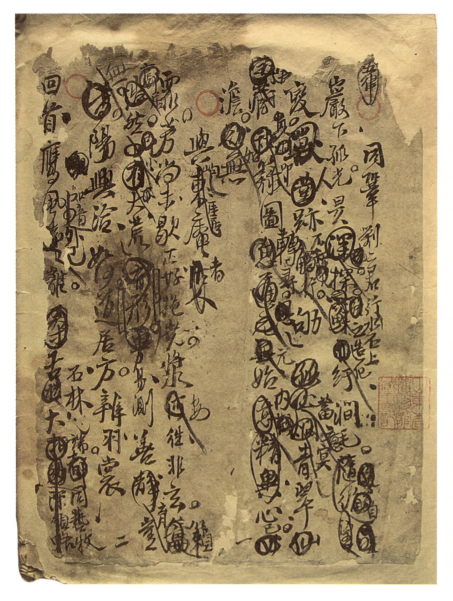

09280 王孟津詩文稿一卷 （清）王鐸撰 手稿本

王獻唐跋。山東省博物館藏。

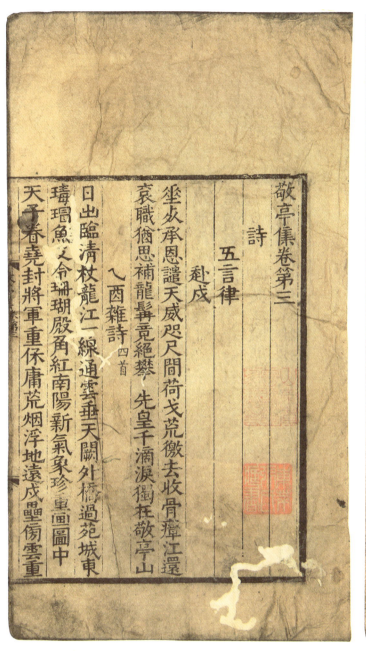

09281 **敬亭集十卷** （清）姜埰撰　清康熙姜氏念祖堂刻本

匡高17.3厘米，廣12.9厘米。半葉珍行，行二十字，白口，左右雙邊。王懿
榮抄補。張鵬程跋。山東省圖書館藏。

09282 傅青主劄記手稿不分卷 （清）傅山撰　稿本

有“傅山印”等印。西北民族大學圖書館藏。

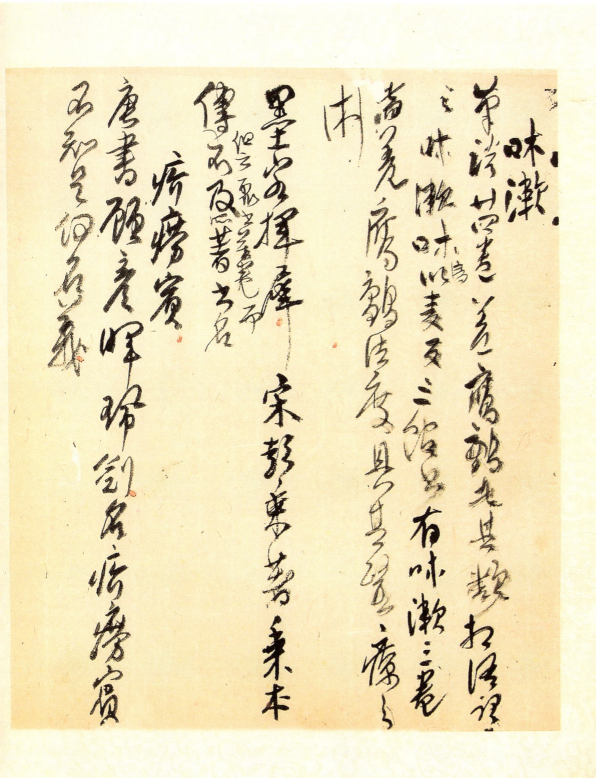

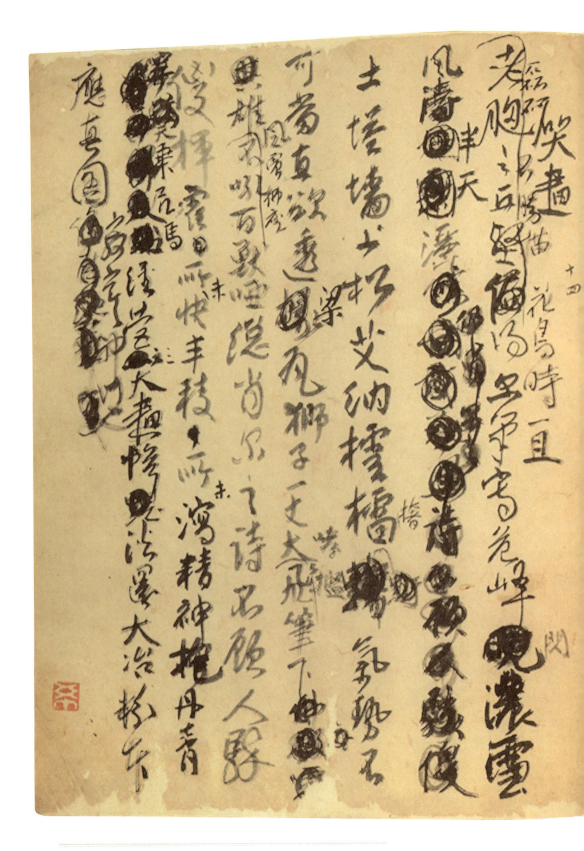

09283 哭子詩一卷 （清）傅山撰 稿本

山西博物院藏。

哭字 十二

似与君相聞即離三十年□□□□□□萬里鵾鵬
原心手傳之不与球化無得張索源靈法考八分漢
碑□□研小篆初哉美婚其太燃圓石鼓及嶧
山領瞰而晃中妍追憶童釋咁即鎬峋嶸雜門翻如
對日會通來成此技焉□□□□□□□□□此筆甚池
笑□□原硯此匜

太原段帖

金光明經三身品

利一

障滅一切眾於諸學處離不尊重息
正念憶持菱心儔行得精進力除懶惰
掉悔心入於初地于初地心除利有情障

得入二地於此地中除不過惱障入于三地
于此地中除心輕淨障入於四地於此地中
除善方便障入于五地於此地中除見
真俗障入于六地於此地中除見行相障
入於七地於此地中除不見減相障入于八

09284 **太原段帖不分卷** 〔清〕傅山撰　稿本
山西博物院藏。

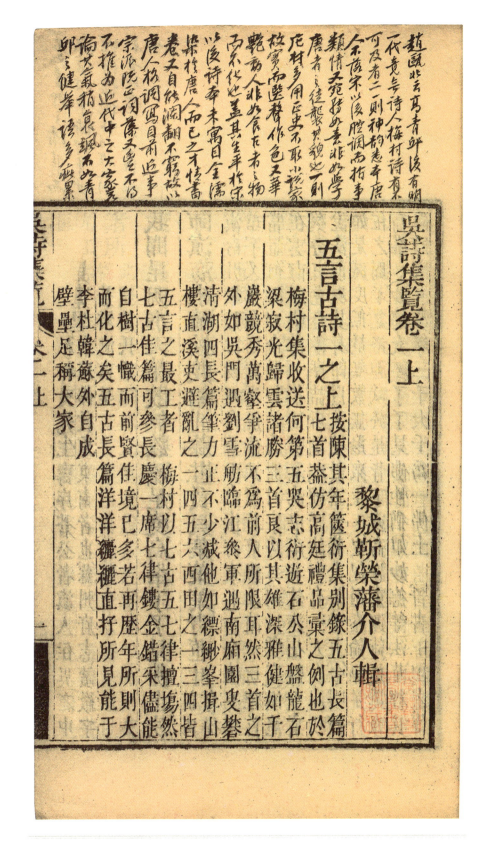

09285、09286 吳詩集覽二十卷補注二十卷 （清）吳偉業撰 （清）靳榮藩注 **吳詩談藪二卷拾遺一卷** （清）靳榮藩輯 清乾隆四十年（1775）淩雲亭刻本

匡高17.8厘米，廣13.6厘米。半葉九行，行二十一字，小字雙行同，上白口下黑口，四周雙邊。山東省圖書館藏，有"趙錄績印"、"趙氏模嬰閣收藏圖籍書畫印"等印。王筠批校；江蘇省常熟市圖書館藏，王振聲跋並錄錢陸燦、沈德潛、趙翼批校。

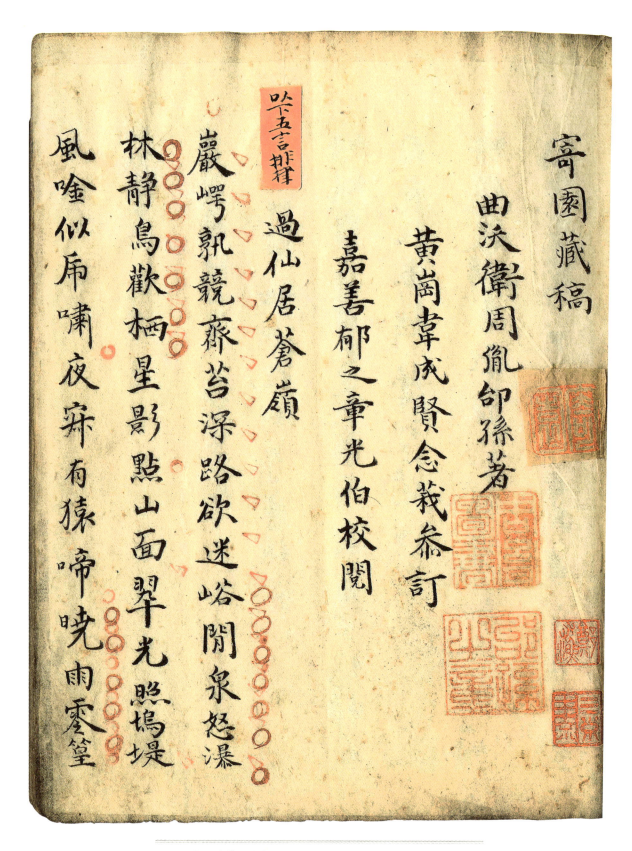

寄園藏稿

曲沃衛周胤卲孫著

黃崗韋成賢念裁希訂

嘉善郁之章光伯校閲

啐五言群釋

過仙居蒼嶺

巖崿兢嶐苔深路欲迷峪閒泉怒瀑

林靜鳥歡栖星影點山面翠光照塢堤

風嗡似虎嘯夜寂有猿啼曉雨零筐

09287 寄園藏稿不分卷 （清）衛周胤撰　清初抄本

郁之章跋。有"司空司馬之印"、"河東世家"、"墨莊隱客"、"寄
園"、"周胤圖書"、"卲孫文章"等印。山西省圖書館藏。

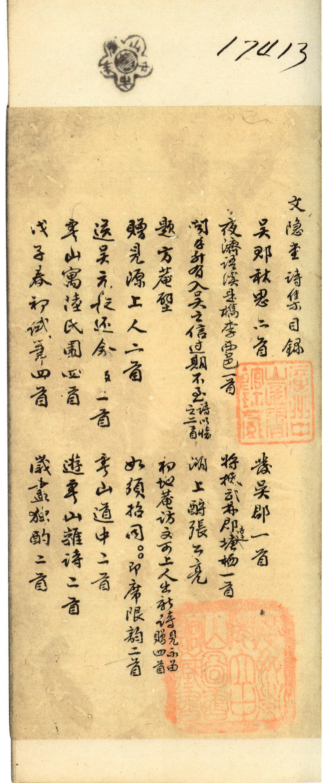

09288　曹倦圃未刻編年佚詩不分卷　〔清〕曹溶撰　清抄本

半葉九行，行二十一字。廣東省立中山圖書館藏。

蜂花館筆案序集卷之一

大梁武　備玄仲甫著

同社　史　載筆公甫　全較閱

侯良翰介甫甫　全較閱

男　明珩玉行甫　全訂正

鳴珂玉可甫　全訂正

代賀宮詹王覺斯次公奏捷秋闈序

筆案序集

卷之一　一

門生門下見門生古今俱爲盛事况出於姻婭

09289　蜂花館筆案序集五卷啓集四卷誄集二卷　（清）武備撰　明崇
禎刻本　續序集三卷　（清）武備撰　清初刻本
匡高19.1厘米，廣12.4厘米。半葉八行，行十八字，白口，四周單邊。南通
市圖書館藏。

圓沙詩集卷之□ 起□自十一月畫

吳下陸燦撰

秒有村病中雜詩七首

09290 圓沙未刻稿不分卷 （清）錢陸燦撰 稿本

有"錢陸燦印"、"湘靈"、"圓沙"、"易翁"等印。江蘇省常熟市圖書館藏。

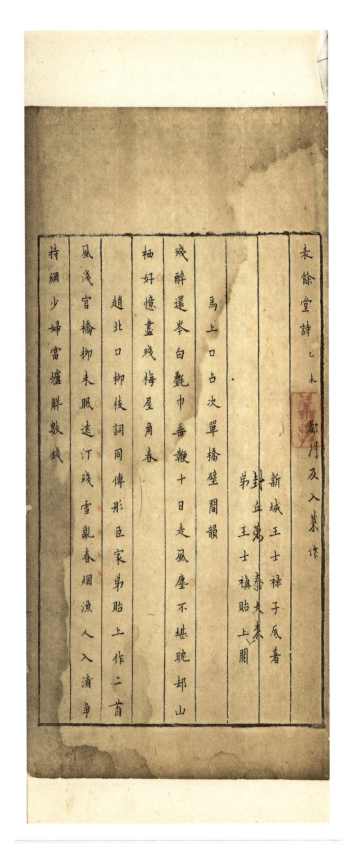

09291 表餘堂詩一卷 〔清〕王士禄撰 稿本

匡高17.3厘米，廣12.9厘米。半葉九行，行十九字，藍格，白口，四周單邊。王士禛評。山東省博物館藏。

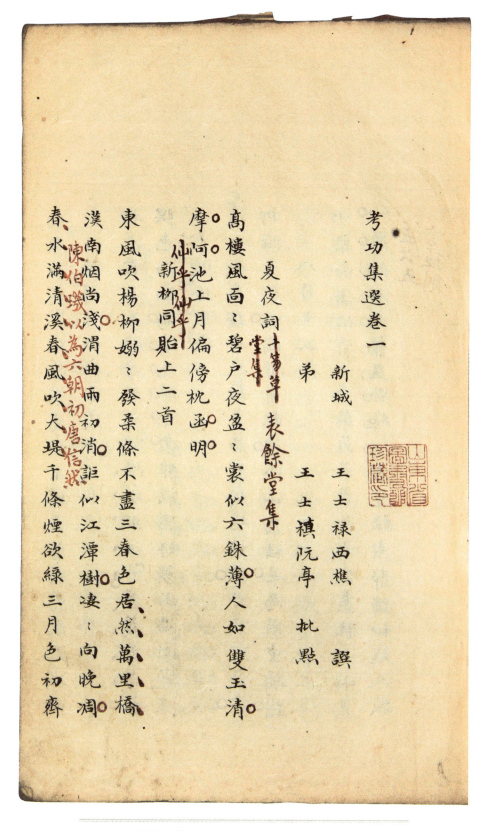

考功集選卷一

新城　王士祿西樵　譔

弟　王士禛阮亭　批點

夏夜詞十首草 表餘堂集

高樓風回々碧戶夜盈々裳似六銖薄人如雙玉清。

摩阿池上月偏傍枕函明。

仙新柳同貽上二首

東風吹楊柳娟々發柔條不盡三春色居然萬里橋

漢南烟尚淺渭曲雨初消詎仙江潭樹淒々向晚凋。

春水滿清溪春風吹大堤千條煙欲綠三月色初齊

陳伯璣以為六朝初唐信然

09292 考功集選四卷　（清）王士祿撰　清康熙抄本

半葉十行，行二十字。王士禛批校。山東省圖書館藏。

蠶尾續集卷一 文部

歙門人程哲校編

新城王士禎貽上

序

徐高二家詩選序

明興至弘治百有餘年朝寧明良海內兕藻重熙累

洽名世輩出於是李何崛起中州吳有昌穀徐氏為

之羽翼相與力追古作一變宣正以來流易之習明

音之盛遂與開元大曆同風洎嘉靖之初後生英儁

稍~厭棄先矩矱而規橅初唐於時作者頗有數家

09293 蠶尾續集二十卷 （清）王士禎撰 清抄本

匡高17.6厘米，廣13.5厘米。半葉九行，行二十字，白口，四周雙邊。山東
省圖書館藏。

腰雪堂詩集卷第一

慶雲釋　德溥　百泉

讀史八首

常駿使赤土不知歸所際香花奏蠻鼓珍重金甌
閉魚在水上飛人從天外視乃知婆羅門揮斥亦
恣肆我法若乘筏我心若操縱南海極樂邊再撫

沛巳至

吾嘗陸法和麾風白羽扇戒行豈不精忽炫奇於

戰有神皆從行江陵絕禱壇焚船赤沙湖步水多

幻變剡期既捉賊威行遂如電梁室賴之振湘東

09294 腰雪堂詩集六卷 〔清〕釋德溥撰　清康熙六年（1667）刻本
匡高17.2厘米，廣13.2厘米。半葉十行，行十九字，白口，左右雙邊。徐州市圖書館藏。

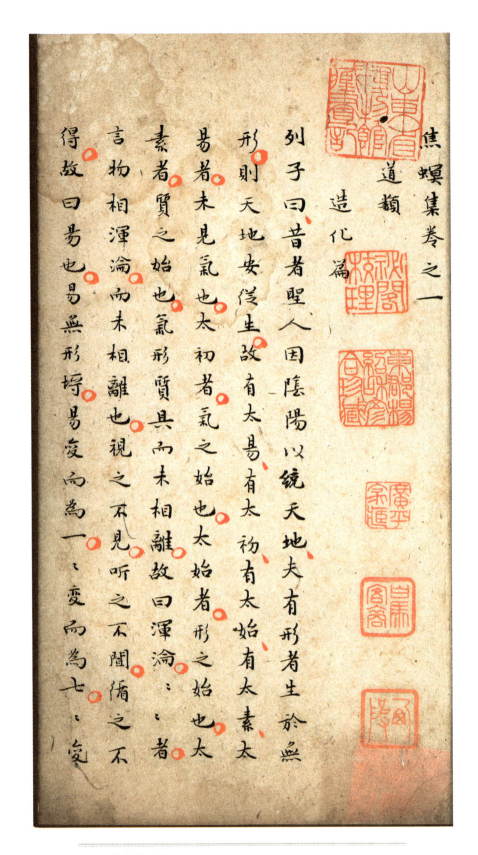

09295 焦蟁集八卷 〔清〕朱彝尊撰 清康熙抄本

半葉九行，行二十一字。宋犖跋。山東省博物館藏。

曝書亭集卷第一

秀水　朱彝尊　錫鬯

賦

謁孔林賦

粵以屠維作噩之年我來自東至於仙源斯時也壇杏花繁
庭檜甲坼元和之犧象畢陳闕里之榛燕盡於廟
堂旋探書於屋壁乃有百石卒史導我周行牽車魯城之北
蹕馬洙水之陽即大庭之遺庫循端木之故場驕孫祔芉居
前聖子藏兮在左自黃玉之封緘閟幽宮而密鎖隕長鯨兮
不驚懼祖龍兮遠禍除荊棘之叢生罕翔禽之飛墮雨露旣
濡邅景東隅整衣裳之蕭肅正顏色之愉愉展謁方終誕尋
往蹟超白兔之深溝撫青羊之卧石爰有草也苞著其名守

笛漁小稾卷第一

秀水　朱昆田　西畯

西湖

水仙祠宇沒平蕪寶所山圍異絡孤白塔亂堆歌舞地青山
舊繞帝王都好風昨日又今日新漲外湖連裏湖安得六橋
重插柳飛花徧撲酒家壚

登康山

五三六點社公雨二十四橋商女樓我上康山高處望鱸魚
綱已發瓜洲

劉撫軍席上咏珍珠泉二首

石家銚谷三斛漢苑金莖一盤可惜廉泉明瑟主人不愛珠
官

09296　曝書亭集八十卷　〔清〕朱彝尊撰　附錄一卷笛漁小稾十卷

〔清〕朱昆田撰　清康熙五十三年（1714）朱稻孫刻本

匡高19.3厘米，廣13.4厘米。半葉十二行，行二十三字，小字雙行二十九
字，白口，左右雙邊。有"南澗居士"、"李印文藻"等印。李文藻批校。
山東省博物館藏，存六十八卷。

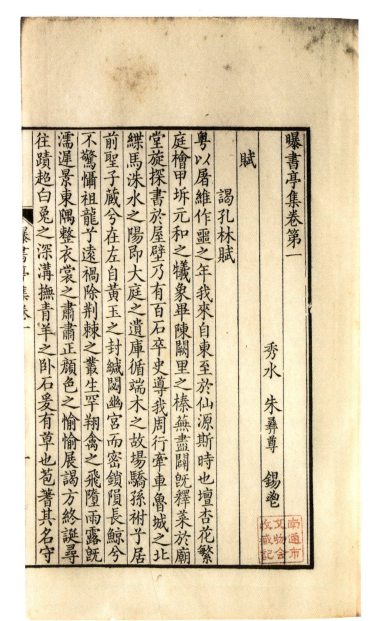

09297 曝書亭集八十卷 （清）朱彝尊撰 **附録一卷** 清康熙五十三年

（1714）朱稻孫刻本

匡高19.3厘米，廣12.9厘米。半葉十二行，行二十三字，白口，左右雙邊。

有"研經博物"、"曝書亭藏"等印。張謇題識。南通市圖書館藏。

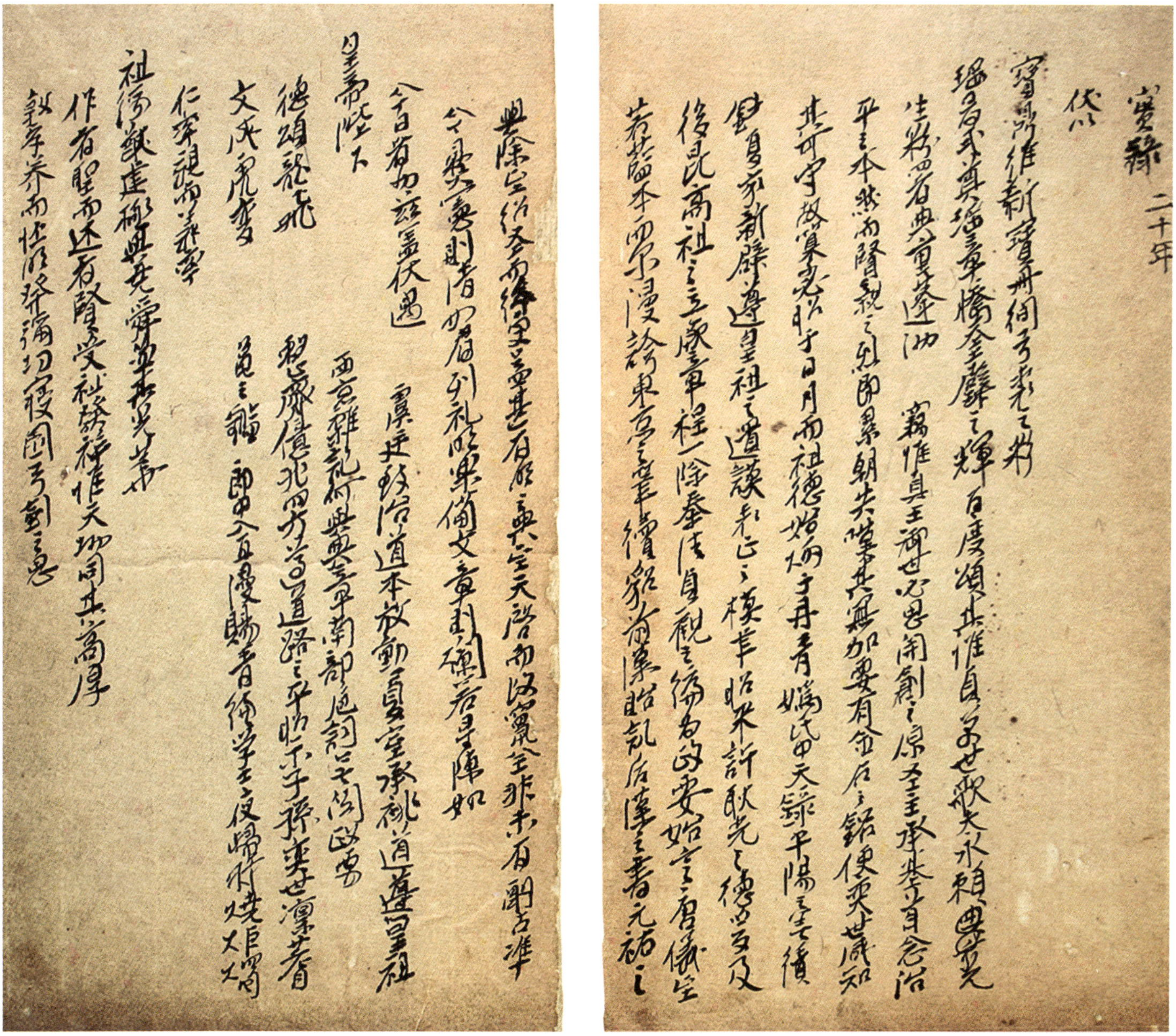

09298 擬表九篇一卷 （清）蒲松齡撰　稿本

經折裝。淄博市蒲松齡紀念館藏。

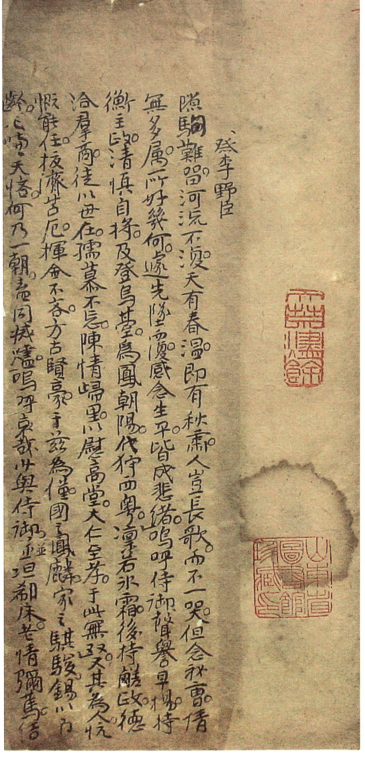

09299 聊齋文集□□卷 （清）蒲松齡撰　稿本

張元濟、王獻唐、王統照跋。溥儒繪圖。山東省圖書館藏，存一卷。

聊齋詩集

青石關

身在甕盎中仰看飛鳥渡南山北山雲千株萬株樹但見山中人不

見山中路樵者指以柯捫蘿自茲去勾曲上層霄馬蹄無穩步忽然

聞犬吠烟火数家聚宛轉眺来慶茫々積翠霧

早行

月落蘋花雪滿汀湖中潮氣曉冥々螢流宿草江雲黑霧暗秋郊

火青萬里風塵南北路一襄烟雨短長亭何人夜半吹湘笛曲到關

山不忍聽

09300 聊齋詩文集不分卷 〔清〕蒲松齡撰　清抄本

佚名錄王士禛題識。中山大學圖書館藏。

崑崙山房集

漁洋先生批點

明季詠史百一詩

淄川　張篤慶

歷友　譔

新蒲細柳江頭宮殿千門荊棘銅駝洛下丘墟

百里過橋陵之遺跡兮劇堪傷思金粟之荒堆

松風可念炎炎我生之初載實維勝國之告終

閱世云遙不比吞聲野老覽時有觸間同紀錄

遺民既上沂於三朝亦旁及於末造

本朝之石室金匱燃藜尚少成書野人之珥筆風謠授

簡聊爲有韻江文通雜詩三十敢云字字驚人

09301 崑崙山房集二卷 （清）張篤慶撰 （清）王士禎評點　清抄本

匡高18.4厘米，廣14.8厘米。半葉十一行，行二十一字，藍格，白口，左右
雙邊。山東省博物館藏。

崐崘山房詩稿

題王石文摹古畫冊八幅有小序

石文道兄畫擅雅宗藝超神妙顧虎頭之絕技優入方家李龍

眠之山莊獨尊逸品瀟洒右丞神筆自譜藍田飄蕭元鎮仙才孤

標清閑能事不煩殂促渾如天外遊行恬淡亦復經營堂比塵中

意匜廷有歷長玉子風期父擅清流因而崐崘山樵聲氣偶通鄭

驛范中三師心造化眼前飛華嶽三峯屠牛垣瀟志蹭蹬筆

底正礛磻四顧展卷令人神往如逢天際真人撚毫笑我狂吟非

後梁間塵飯寒具油兮宜鄭重吾謹避之牡鑰開聽其飛騰

09302 崐崘山房詩稿一卷 （清）張篤慶撰　清抄本

半葉九行，行字不等。筱堂跋。山東省博物館藏。

松鶴清越

進榛子峪香草遍地異花綴崖夾。
嶺乱松蒼蔚鳴鶴飛翔登蓬瀛臨。
崑圃神怡心曠洵仙人昕都不老
之庭也。○

壽比青松額○
南昌志建昌泠水觀壽松一株盤屈
竒古黄庭堅天保松銘勿代勿敗祝

御製詩 松鶴清越 五言絶句 一

聖人壽于邠畫松讚顏主人之此壽從君子之靜觀江
淹詩青松挺素葉 孟郊詩青松多壽色 杜甫詩青
松寒千齡葉不凋
香聞十里外一名十里香 徐陵文千齡壽鶴或舞松
枝 李嶠詩喬木千齡外懸泉百尺餘 荀子松柏隆
冬而不凋蒙霜雪而不變可謂得其貞矣 淮康詩遙
望山上松隆冬不能彫 張宣明詠松詩寒霜十二月枝
葉獨銅龍鶴髮健 漢書龍樓門注門樓上有銅龍
不凋 若白鶴飛廉之為名也至勃丸
成宮頌序銅龍對雷接飛瀑而常流鐵鳳連甍覺嘗驚
颷而佇立 賈曾詩銅龍曉闢闡問安廻 李嶠隱詩墨壺傳

09303　御製避暑山莊詩二卷　（清）聖祖玄燁撰 （清）揆敘等注　清康
熙五十一年（1712）內府刻朱墨套印本
匡高19.9厘米，廣13.4厘米。半葉十二行，行二十字，白口，四周雙邊。經
折裝。山東省曲阜市文物管理委員會藏。

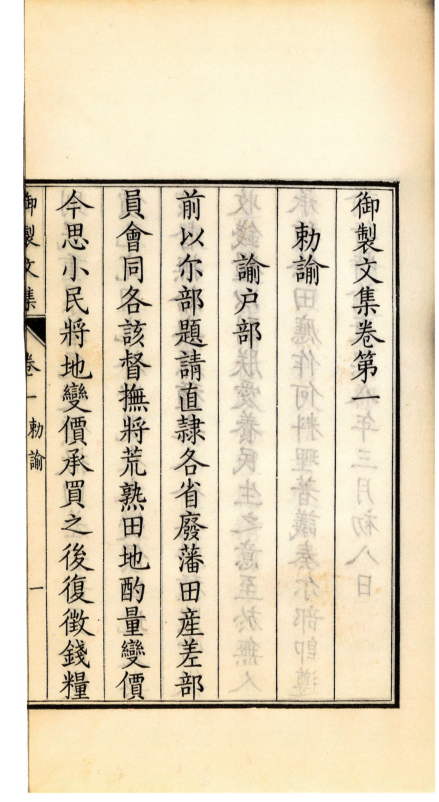

09304、09305 御製文集四十卷總目五卷 （清）聖祖玄燁撰　清康熙

五十年（1711）内府刻本

匡高18.4厘米，廣12.5厘米。半葉六行，行十六字，白口，四周雙邊。山西
大學圖書館、哈爾濱市圖書館藏。

御製文集卷第一

勅諭

諭戶部

前以尔部題請直隸各省廢藩田産差部

員會同各該督撫將荒熟田地酌量變價

今思小民將地變價承買之後復徵錢糧

御製文集　卷一勅諭　一

翰林院編修加六級臣蔣漣恭承

勅旨校刊

御製文第一集至第三集共一百四十卷俱已

告成謹奉

表上

進者臣漣誠惶誠恐稽首頓首上言蓋聞日

月經天煥陰陽之精蘊圖書授聖宣明旦

之光輝觀象成文可大而可久體元合撰

御製文集　進表　一

09306、09307　御製文集四十卷總目五卷二集五十卷總目六卷三集
五十卷總目六卷　（清）聖祖玄燁撰　清康熙五十三年（1714）内府刻本
匡高18.8厘米，廣13.4厘米。半葉六行，行十六字，白口，四周雙邊。山東省
圖書館藏；遼寧省圖書館藏，有"結一廬藏"、"明善堂覽書画印記"等印。

二十四泉草堂集卷一

歷城　王苹　秋史

辛酉秋懷十首

初日餘楓葉葉明柴門延佇有心情西陲鉦冷雖無歲南

服烽銷不用兵寒水浮苔留屋影虛村得樹起秋聲黃花

滿手何人對擬作芳藥薦屈平　平定滇蜀臺灣投誠傳聞雲中歲偷三四句故云

把茅蓋頂水枝津老蔓成帷網四隣兀坐其能壽故戒讀

書誰可免干人支離興會消吟卷牢落風懷寄釣綸習氣

不除還作達白楊幾樹種蕭晨

泉聲微夜響空城舊夢方回雁語驚已識衣冠歸望族猶

從章句役微名飄零酒境逢殘客留滯詞場怨老生蠟淚

垂垂下帷處鼠將木葉報寒更

09308　二十四泉草堂集十二卷　（清）王苹撰　稿本

半葉十二行，行二十二字。山東省圖書館藏。

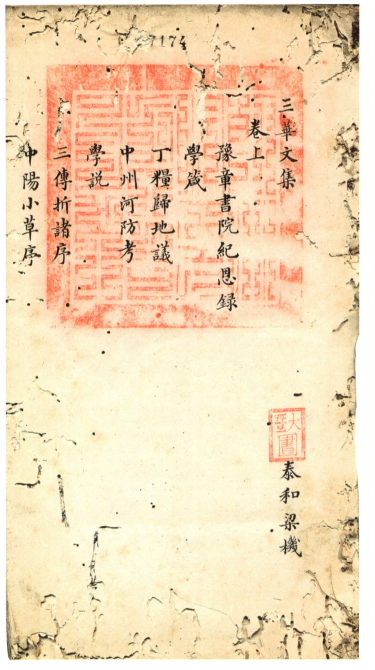

豫章書院紀恩録

今

皇上聖學淵微教澤淪浹天下士風為之一變頃歲直省各

賜千金建立書院命封疆大臣遴師教育之余以甲寅

秋應大中丞常公之聘謬主豫章書院講席其明年乙

卯來學者幾二百餘人凡學使試之首焦中丞方伯外

臺採風所録拔及附卷中余所品隲而列薦刻與朱副

扱顧慕而來者乃入馬益彬彬極一時之選也祗訓迪

修罔自暇逸而唱予將伯古處尤敦馬是歲之秋相與

三華文集
卷上
　豫章書院紀恩録
　學箴
　丁糧歸地議
　中州河防考
　學說
　三傳折諸序
　中陽小草序

一

泰和梁機

09309 三華文集二卷 （清）梁機撰　清抄本
半葉九行，行二十一字。有"翰林院印"等印。暨南大學圖書館藏。

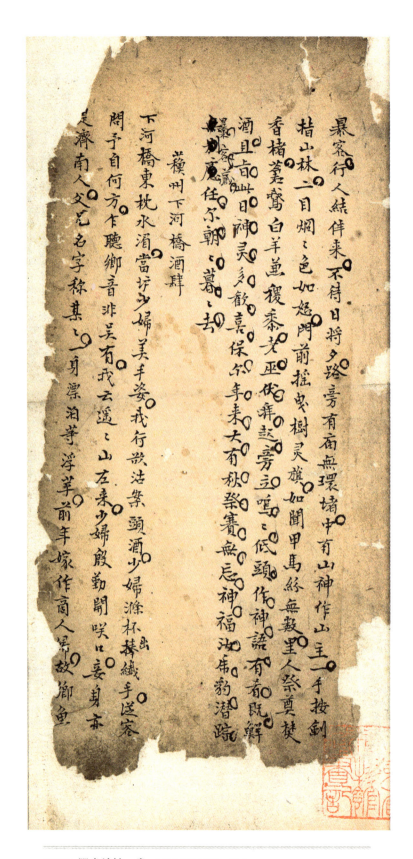

09310 澗堂詩鈔一卷 〔清〕畢海珖撰　稿本

半葉九行。趙執信校。山東省博物館藏。

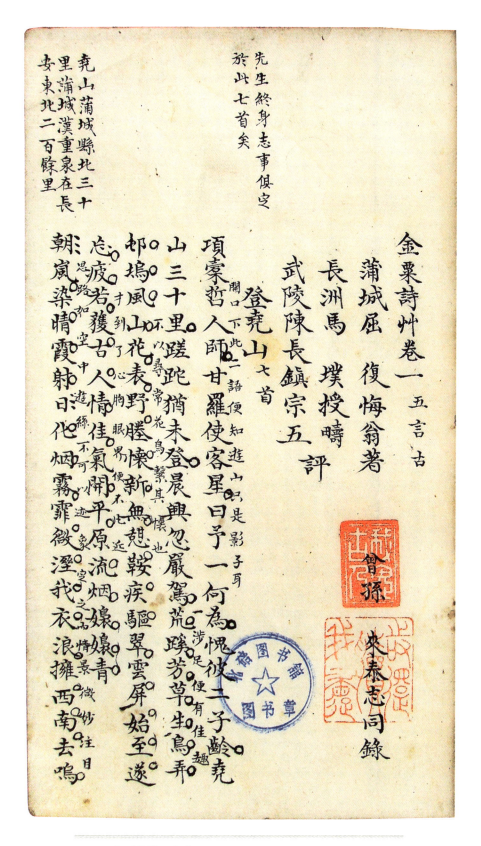

09311 金粟詩艸二十卷 （清）屈復撰 （清）馬墣 陳長鎮等評 清抄本
半葉十行，行二十一字。重慶市北碚圖書館藏。

論竟日夕因出其紀行七言斷句百餘讀之
見其於祖先骨月箴屬朋好之間隨時箴觸懸
惻動八至所寫山川風物歷乙如繪恍欺身遊
其地甚矢心水之詩之移我情也余大父最工
斷句才情橫溢虞山錢宗伯推為閩風收入乞
炙集中令心水諸作情景俱真而骨氣峻嶒絕
無一切嬌嬰囁嚅之習世有真賞如虞山當稱
道不去吻笑雍正四年歲在丙午七夕梅崖許
鼎拜跋

游紹安號性門琉心水福建福州府福清縣人清羅正元年癸卯科進士 炳煦記

涵有堂詩初集

古體一

雜詩

性門游紹安自訂

天不憂人暗戶牖。自取明地不憂人貧薪芻。
羣生造化渾渾爾。蕩蕩無能名。白馬白非馬非
魚烏知魚混沌日。以鑿知覺日。以紓烏獲引一
尾加勳不服箱人。情以為回聖王提其綱。
屈子傷懷王衰。郢恐蘭芳泪羅固巳烏九辯後
悼亡洛陽一年少痛哭命自天乣錯何為者明
哲不思保

09312 涵有堂詩文集不分卷 〔清〕游紹安撰　稿本

匡高21.5厘米，廣16.1厘米。半葉十行，行十八字，白口，四周單邊。江西省圖書館藏。

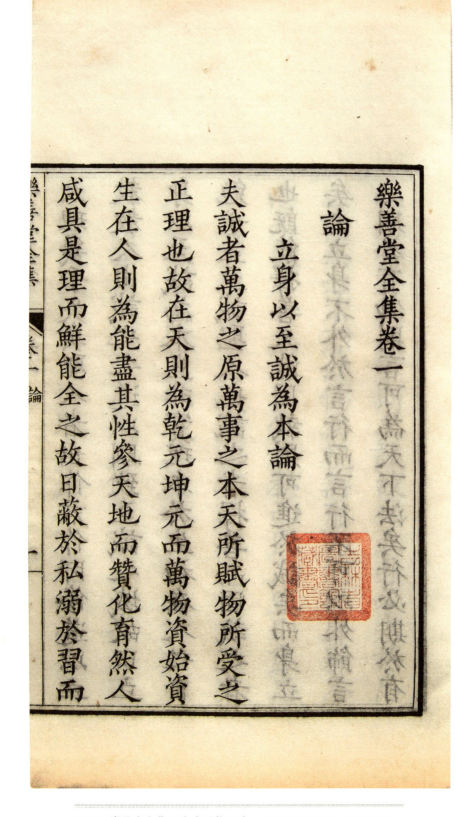

樂善堂全集卷一

論

立身以至誠為本論

夫誠者萬物之原萬事之本天所賦物所受之

正理也故在天則為乾元坤元而萬物資始資

生在人則為能盡其性參天地而贊化育然人

咸具是理而鮮能全之故日蔽於私溺於習而

09313 樂善堂全集四十卷目録四卷 （清）高宗弘曆撰 清乾隆二年

（1737）内府刻本

匡高18.7厘米，廣13.5厘米。半葉七行，行十八字，白口，四周雙邊。吉林
省圖書館藏。

御製詩初集卷之一

古今體六十一首 丙辰丁巳戊午

　讀貞觀政要

懿德嘉言在簡編憂勤想見廿三年燭情已

自同懸鏡從諫端知勝轉圜房杜有容敿讓

直魏王無事不繩慾高山景仰心何限字字

香生翰墨筵

　題王諤豐年農慶圖

金颸蕭蕭楓葉落高空爽氣橫寰廓如雲多

09314 御製詩初集四十四卷目録四卷 （清）高宗弘曆撰　清乾隆十四

年（1749）内府刻本

匡高20.7厘米，廣14厘米。半葉九行，行十七字，白口，四周雙邊。杭州圖

書館藏。

御製文二集卷之一

經筵御論

因民之所利而利之

天子以四海為家則四海之民皆吾一家之
赤子也保赤子之心既切因利之政當求制田
里教樹畜使之知節儉務耕桑因五方之財
阜萬民之產斯所謂不費之惠耳博施濟眾
堯舜猶病蓋孔子訓子貢以為仁之方非謂
不捐己財以與人也且天子何得有己財乎

09315 御製文二集四十四卷目錄二卷 （清）高宗弘曆撰　清乾隆五十一
年（1786）內府刻本
匡高21.1厘米，廣14厘米。半葉九行，行十七字，白口，四周雙邊。東北師
範大學圖書館藏。

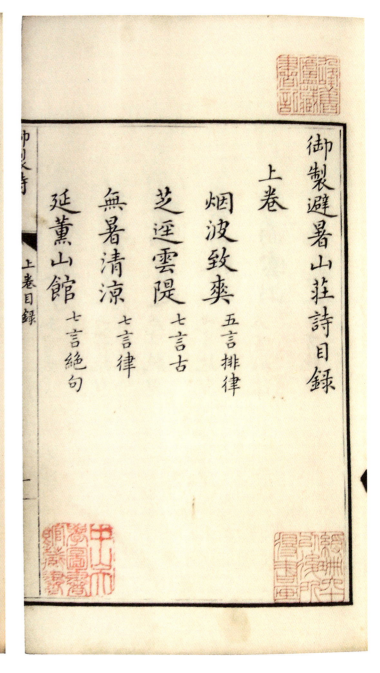

御製避暑山莊詩目錄

上卷

烟波致爽　五言排律

芝逕雲隄　七言古

無暑清涼　七言律

延薰山館　七言絕句

烟波致爽
詩小序
華黍時和歲豐宜黍稷也禮

四時和為通正謂之景風鄰昂老人星賦候德至而浮
彩副時和而應躔米芾詩道不拾遺知政肅野多滯穗
是時和史記諺曰力田不如逢年宋孝武帝
詔歲歲穩氣榮中外寧晏元積詩歲穩民四至　烽靜絕

時和逢歲穩　記
動已而天地應焉四時和焉爾雅

邊譁　說文烽燧候表也邊有警則舉火
列邊亭高騈詩回期直待烽烟靜後漢書祭彤
傳論卧鼓於邊亭減烽枚幽障唐太宗詩書絕龍庭羽
烽休鳳穴成唐書禮儀志士馬無譁何遜詩視聽絕譁

09316　御製避暑山莊詩二卷　（清）高宗弘曆撰　清乾隆六年（1741）

內府刻朱墨套印本

匡高19.8厘米，廣13.3厘米。半葉六行，行字不等，小字雙行二十一字，白口，四周雙邊。有"綏珊六十以後所得書畫"、"九峰舊廬藏書記"等印。中山大學圖書館藏。

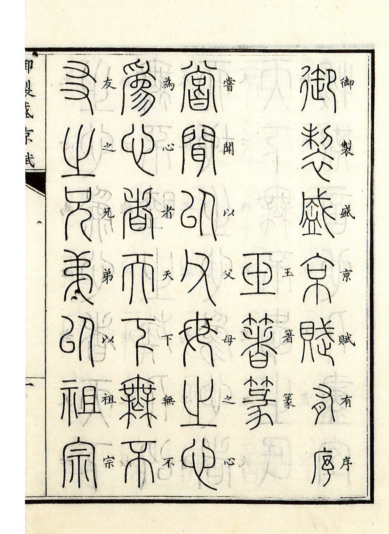

09317 御製盛京賦篆法三十二卷 （清）高宗弘曆撰　清乾隆十三年

（1748）武英殿刻本

匡高21.3厘米，廣16.6厘米。半葉五行，行七字，白口，四周雙邊。中國第
一歷史檔案館藏。

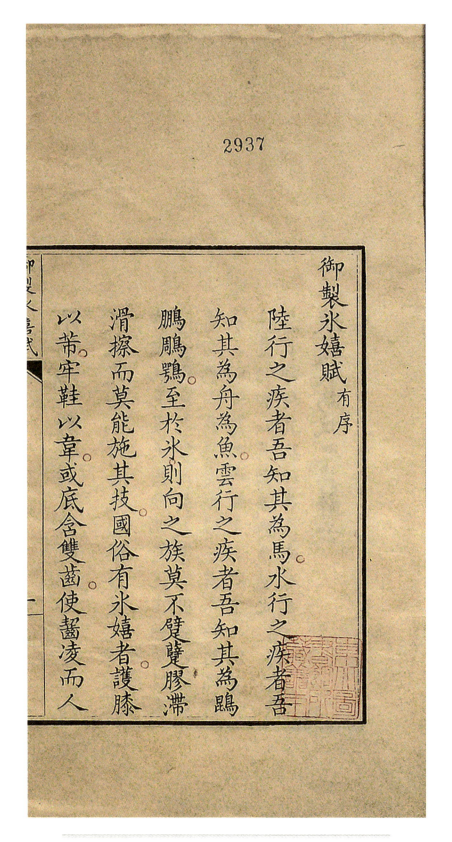

2937

09318 御製冰嬉賦一卷 （清）高宗弘曆撰　清乾隆十年（1745）内府刻

朱墨套印本

匡高15.6厘米，廣11.4厘米。半葉六行，行十八字，白口，四周雙邊。遼寧
省圖書館藏。

御製古稀說

余以今年登七秩因用杜甫句刻古稀天
子之寶其次章即繼之曰猶予孜孜蓋子
宿志有年至八旬有六即歸政而顧志於
寧壽宮其未歸政以前不敢弛乾惕猶日
孜孜所以答
天庥而勵已躬也正壽之慶羣臣例當進

恭慶

皇上七旬萬壽萬萬壽
乾隆四十有五年庚子天芭地符嶽
翰川效丕應我
聖主七旬萬壽慶辰維時薄海內外億兆
臣庶躋
仁壽世遊於

古稀頌九章
謹序

09319 御製古稀說一卷 （清）高宗弘曆撰　**古稀頌一卷** （清）彭元瑞
撰　清乾隆內府刻本
匡高23.1厘米，廣14厘米。半葉七行，行十六或十八字，小字雙行二十四
字，白口，四周雙邊。有“乾隆御覽之寶”等印。吉林省圖書館藏。

平定兩金川大功告成頌謹序

皇帝敬承

列聖創垂丕緒撫有函夏億萬萬年内治

外懷惟寅以畏聲行教暨自日月

之所出入樞極之所綿亘凡有血

氣之屬悉隸悉臣

嘉德偉功隆於前古乾隆十三年

命經略臣傅恒帥師討金川賊酋莎羅

奔郎卡服而舍之所以明示

國威震讋逡徼大矣溥矣

神武不殺十八年厄魯特准噶爾部内

亂請討以來天人咸與再違再征

09320 平定兩金川大功告成頌一卷 （清）戴震撰 平定兩金川大
功告成恭紀二卷 （清）五泰 瑞保撰 清抄本
匡高14.7厘米，廣9.2厘米。半葉六行，行十六字，白口，四周單邊。經折
裝。吉林省圖書館藏。

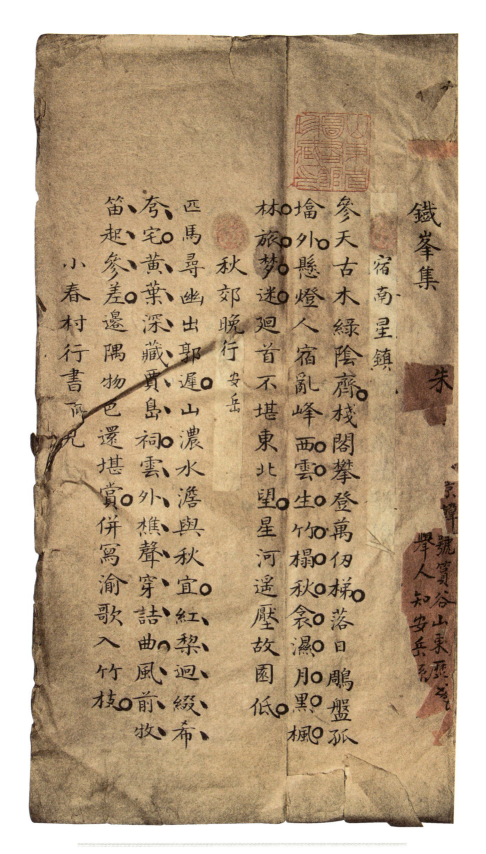

鐵峯集

朱

宿南呈鎮

參天古木綠陰齋。棧閣攀登萬仞梯。落日鵰盤孤
塔外懸燈人宿亂峰西。雲生竹榻秋衾濕。月黑楓
林旅夢迷。廻首不堪東北望。星河遙壓故園低。

秋郊晚行 安岳

匹馬尋幽出郭遲。山濃水澹與秋宜。紅棃迴綴希
夸宅。黃葉深藏賈島祠。雲外樵聲穿詰曲。風前牧
笛起參差。邊隅物色還堪賞。併寫渝歌入竹枝。

小春村行書而已

09321 鐵峯集一卷　〔清〕朱琦撰　稿本

半葉十行，行十九字。山東省圖書館藏。

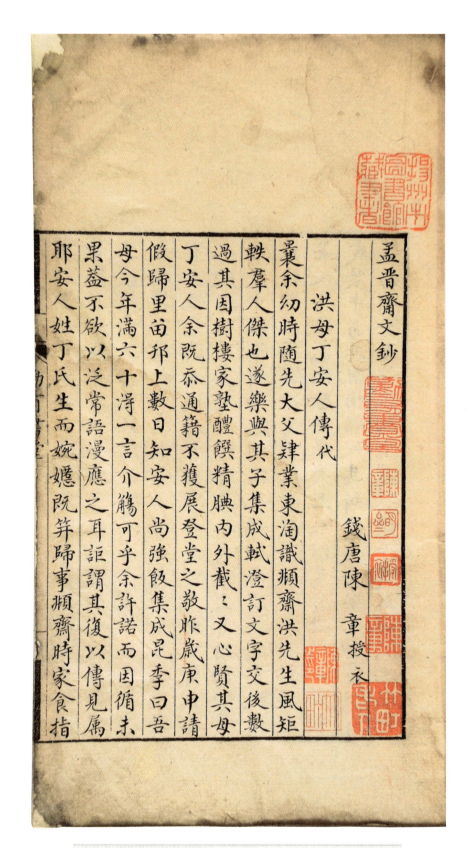

那安人姓丁氏生而婉嫕既笄歸事頫齋時家食指
果薆不欲以泛常語漫應之耳詎謂其復以傳見屬
母今年滿六十得一言介觴可乎余許諾而因循未
假歸里苗邢上數日知安人尚強飯集成昆季曰吾
丁安人余既忝通籍不獲展登堂之敬昨歲康申請
過其因樹樓家塾醴饌精脮内外截之又心賢其母
軼羣人傑也遂樂與其子集成軾澄訂文字交後數
曩余幼時隨先大父肄業東淘識頫齋洪先生風矩

洪母丁安人傳代

孟晋齋文鈔

錢唐陳　章授衣

09322　孟晋齋文鈔不分卷　（清）陳章撰　稿本

匡高18.2厘米，廣13.8厘米。半葉十一行，行二十字，黑口，四周單邊。揚州市圖書館藏。

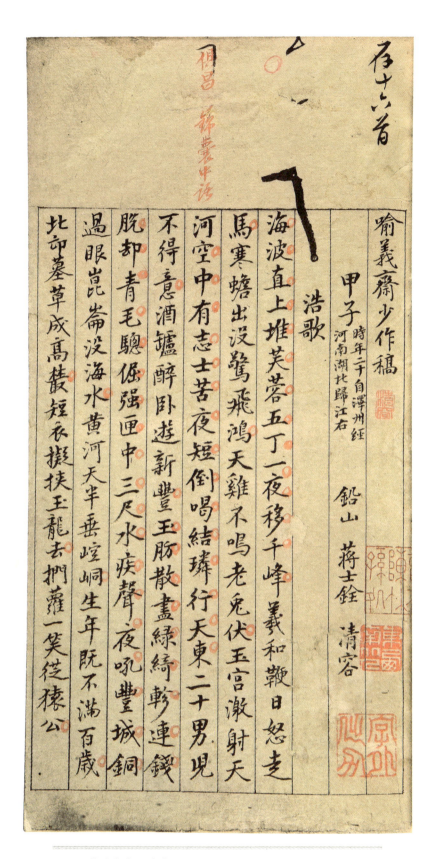

存十六首

喻義齋少作稿

甲子 時年二十自澤州經

河南湖北歸江右

鉛山

蔣士銓

清容

浩歌

海波直上堆芙蓉五丁一夜移千峰羲和鞭日怒走

馬寒蟾出没驚飛鴻天雞不鳴老兔伏玉宮激射天

河空中有志士苦夜短倒唱結璘行天東二十男兒

不得意酒罏醉卧遊新豐王胁散盡綠綺軟連錢

脱却青毛驄偃強匡中三尺水疾聲夜呃豐城銅

過眼崑崙没海水黄河天半垂崆峒生年既不滿百歲

北邙墓草成高塋短衣擬挾王龍去捫蘿一笑從猿公

09323 蔣清容先生遺稿二十八卷 （清）蔣士銓撰　稿本

匡高21.3厘米，廣14厘米。半葉十行，行字不等，白口，四周單邊。袁枚等批。王鳴盛題詩。沈廟勳、高藻、高文藻、王又曾、彭雲鴻、汪轟鼎、張塤、褚寅亮題詞。國家圖書館藏。

渚流虹梁沛兆曹公之起東井識漢業之隆犯御座者嚴

光聚賢人者仲弓化五老而遊河上隨二使而入蜀中稱

為靈秘之府獨有文昌之宮合圖書以耀東璧飛精彩而

薄太空當元柱而班聯四輔列上台而纏貫三公所謂無

星不挄北堂如彼之右東方當文命罩數宿離不忒有

爛其光言煥其色光皆黃潤色無青黑明為其用陽為其

德玉在簫而上竊璠璵飾機以仰則海岱之際惟青州虛危

之精為齊國一觀於天官喉舌之間而無不包羅乎聊攝

以東姑尤以西無隸以南穀陵以北於是考躔舍於四維

辨域疆於九野叶瓊琚以長調偉天章而傾瀉惟山左之

09324 南澗先生文稿二卷　（清）李文藻撰　稿本

半葉十行，行二十二字。山東省博物館藏。

09325 南澗文稿不分卷 （清）李文藻撰　稿本

王獻唐跋。山東省博物館藏。

李南澗先生古文目録

益都李文藻南澗著撰

私淑門人昌樂閻湘蕙輯錄

卷中

○四松記、

○寶蓮亭記、

○松亭記、

黃岡二石橋記

、琉璃廠書肆記、

進南海廟記

遊廣州西郭二寺記

與紀曉嵐先生、

與懷庭、

重修魯仲連先生祠墓記、

○楊姑橋東巨洋水造舟記

○記蝗、

○天后宮贍田記

遊光孝寺記

送馮魚山說文記、

與錢曉徵先生、

與西園、

09326 李南澗先生古文三卷 〔清〕李文藻撰 〔清〕閻湘蕙輯 稿本

王獻唐跋。山東省博物館藏。

梅郊詩云慣運作荅慶書来余
性懶鈍遠近封緘大都拆村
魚游況去筆跡杳矣間追憶
及之或見巷逕後偶錄其橐百
不及一已已以圖多病楊口授之
簡雜抄成帙本不足存之以
見平生文依隨風山札煙
癸酉新秋正復居然病筆書

賀素畹方夫子

泥金報至某與二三同好酌酒相慶群謂夫子不媿科名國家文
運光昌於此覘風氣之正因私歡吾黨趣尚不可謂不高志操不
可不堅苦心孤詣醫極而舒庸耳俗即終有振刷之一印某立夫
子門牆中可以間執讜慤之口良為厚幸然此係恆情未足為夫
子稱快某習知夫子平居懷貞雄深邁往有龍睇虎嘯之奇十餘
年未免為八股兩困今乃得謝絶羈縱翺翔玉堂讀未見之書
著不朽之業不惟家藏萬卷驅使稱心而天祿石渠秘奥盡泄於
夫子嗜奇汲古之素志庶幾暢以逐焉昔錢思公謂朝廷之官雖

踊躍忻
辛奇氣運光昌於此覘風氣之正
勃勃想
見橐時
胸次之嶒
嶸

先生諱騫字梓恬丙辰登第後別號廬山主戊
筮仕粵世知融縣事更号閣齋已巳調凌雲明年卒

藤梧館詩草

古歌

昌平山人孔廣栻 伯誠 一齋

嶧陽生孤桐琅玕挺其旁鳳皇鳴且啄斥鷃徒徬徨跡

彼枯桐枝縋以五色絲一彈弄魚水再彈遊皇羲皎已

山上月皑皑澗底雪位置宜自高眾情紛慕悅張琴渡

抱琴瑤軫輝繁星游目薄高鳥直舉青冥冥

觀趵突泉

此泉渴馬來伏流常不見滙奇成趵突滿眼馳飛颿萬

派明珠三窟噴冰練初疑舞神虹特兀騰如綫塵埃萬

斛清心跡融一片層軒繞曲渚山色總楹遍疏鑿固人

09328 藤梧館詩草一卷 （清）孔廣栻撰　稿本

半葉十行，行二十一字。山東省圖書館藏。

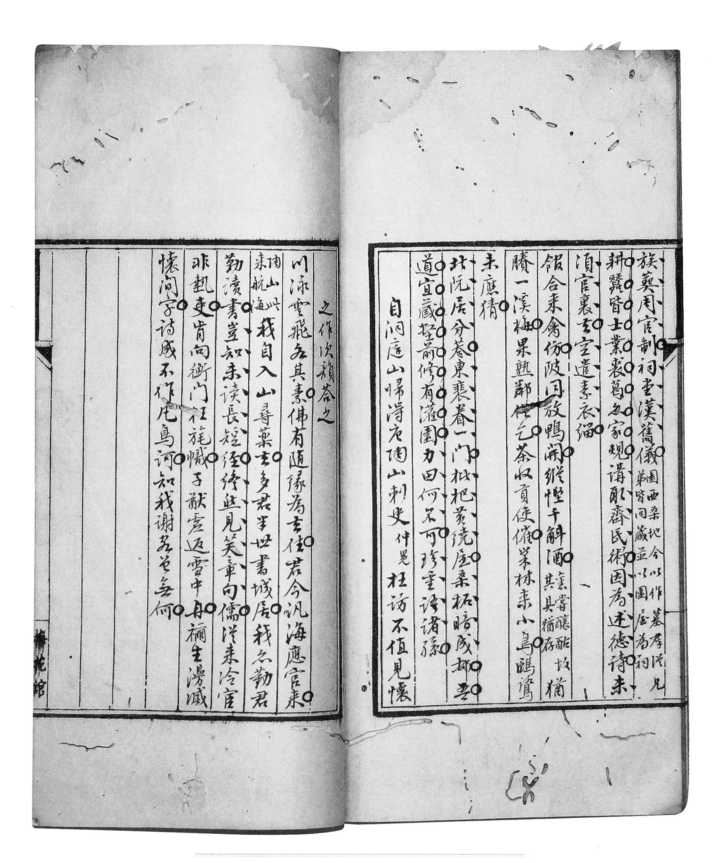

09329 王鐵夫先生山游詩一卷 〔清〕王芑孫撰 稿本

匡高15.7厘米，廣10.9厘米。半葉九行，行二十一字，上黑口下白口，四周雙邊。蘇州博物館藏。

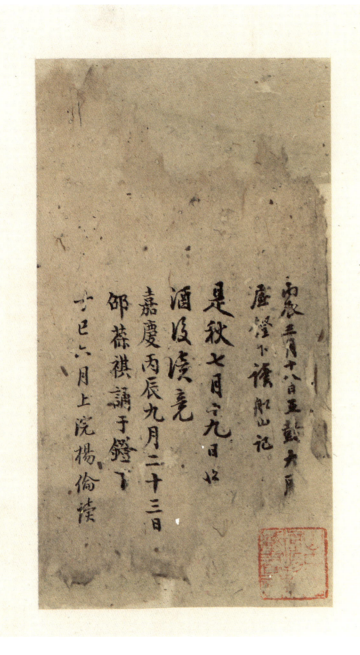

09330 卷施閣近詩一卷　〔清〕洪亮吉撰　稿本

半葉十行，行二十字。經折裝。山東省博物館藏。

送周雪樵出守越州

琴鶴隨身望若仙風流想見永和年到官仍占蓬萊勝守
郡應迢名杜賢鏡水稽山新管領玉堂金馬舊因緣遠
知燕寢凝香日定有詩誇白樂天

送陳登之通守江蘇

筠歲才名替左司一官玉局判杭時不須焚郤君茅硯
要擬煎茶試院詩　君有龐讀圃故云
攜來琴鶴亦風流佐郡才資借箸籌太守而今惟坐
嘯不愁無蠏有監州

東南民力劇艱辛中澤勤劬勞待拊循便使空工成
錦繡何如散作萬家春　用石曼卿事

戒吟篇示瑩緩兩見

我本不能詩咸賴秉去不與世爭名人亦莫我譽但覺
歲月長安閒有真趣近喜兒童吟見獵心生慕偶妨寄
嘯歌非有驚人句人或窺一斑謂是全豹具敢云下里
謳正聲叶韶濩丹山時一鳴肯使文采霑俗流競標
榜趨名動春騖紛几案間擾不得霧火急迫此
通汗流走且仆謀或令人喜觳為逢彼怨才難瑜亮

09331 有真意齋詩集不分卷　〔清〕潘世恩撰　稿本

半葉九行，行字不等，紅格，白口，四周雙邊。潘曾瑩、潘曾綬、孫衍慶、吳榮光跋。蘇州博物館藏。

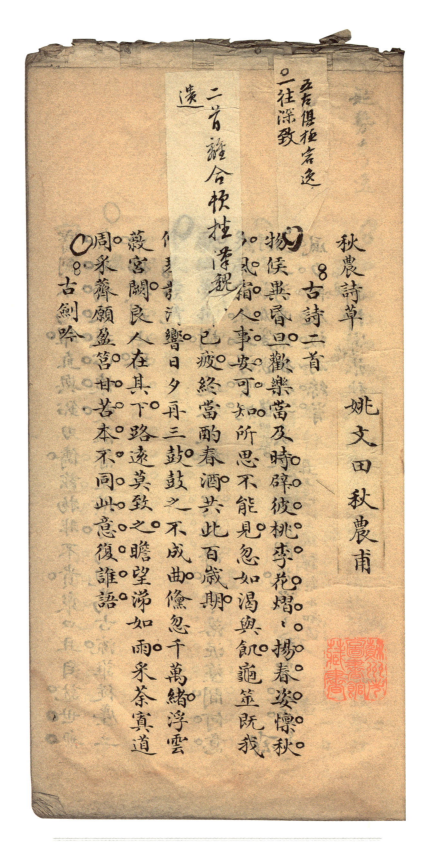

秋農詩草

姚文田秋農甫

古詩二首

物候興昏旦　歡樂當及時　碎彼桃李花熠熠　揚春姿懍懍秋
如忽宿人事安可知　所思不能見　忽如渴與飢　龜筮既我
已疲終當酌春酒　共此百歲期
作翁響日夕　再三鼓鼓之不成曲　儵忽千萬緒浮雲
藏宮閟良人在其下　路遠莫致之　瞻望涕如雨　采茶寶道
周采蘩願盈筐　甘苦本不同　此意復誰語
古劍吟

五言俱狂言逸
一往深致
二首雜合幀桂洋觀
遺

09332　秋農詩草一卷　（清）姚文田撰　稿本

半葉九行，行二十二字。陳壽祺、葉紹楏題識。蘇州圖書館藏。

趙闇鄉遺影圖記

吾友闇鄉之亡於今七年矣予雖往來芝溪懷舊惻愴不忍

重經其閈巷去年冬歸舟阻風適得榜於雙卷樓下被酒無

俚乃訪令子清士情話留連出君遺影并生平游歷諸圖見

际鹿城吳果生茂才筆也君以邑中望族依外舅武陵氏居

芝溪嘗游學於宣城教授於常山已而奪標白下射策金臺

其他如蘇之洞庭浙之武林乍浦皆為履齒所至鬚眉如在

丹青弗渝置身邱壑之間具足湖海之氣君之豪興逸情亦

一金粟山樓

09333　金粟山樓詩二十卷繭絲集二卷小石城山房文集不分卷　〔清〕

邵淵耀撰　稿本

匡高20.5厘米，廣15.4厘米。半葉八行，行二十三字，白口，四周單邊。孫原湘、季錫疇、翁同龢、邵松年跋。江蘇省常熟市博物館藏。

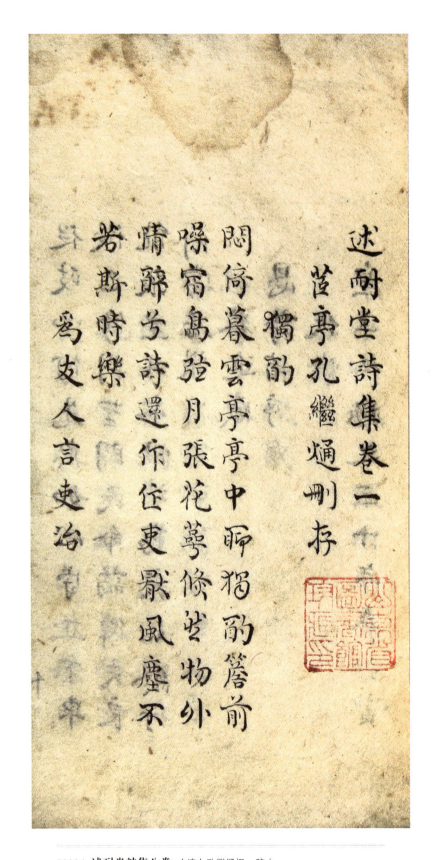

09334 述耐堂詩集八卷　〔清〕孔繼燿撰　稿本
半葉八行，行十二字。有"孔繼燿印"等印。山東省圖書館藏。

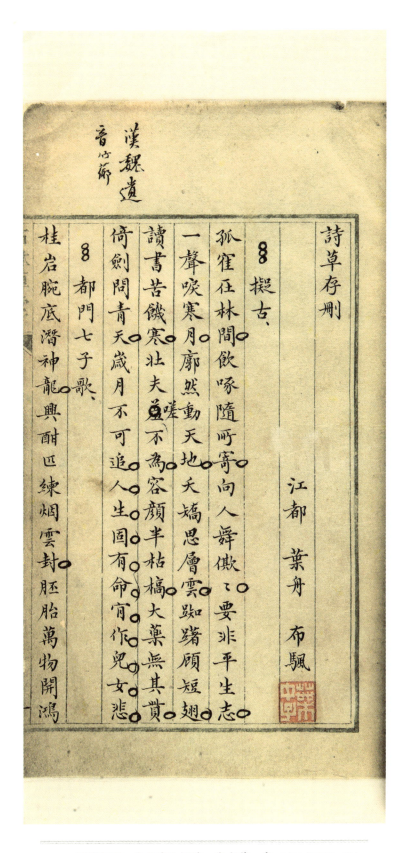

09335 詩草存刪一卷花癡生詞稿一卷文稿一卷 〔清〕葉舟撰 稿本

匡高18.4厘米，廣12.8厘米。半葉九行，行二十字，緑格，白口，四周雙邊。
汪端光、袁承福、李文瑛、釋清恒跋。熊方受、阮亨、裴挺、張維楨、謝壑
題詩。李方湛、趙祖仁、鄧立誠、李育、阮亨、謝壑、徐鳴珂等題款。國家
圖書館藏。

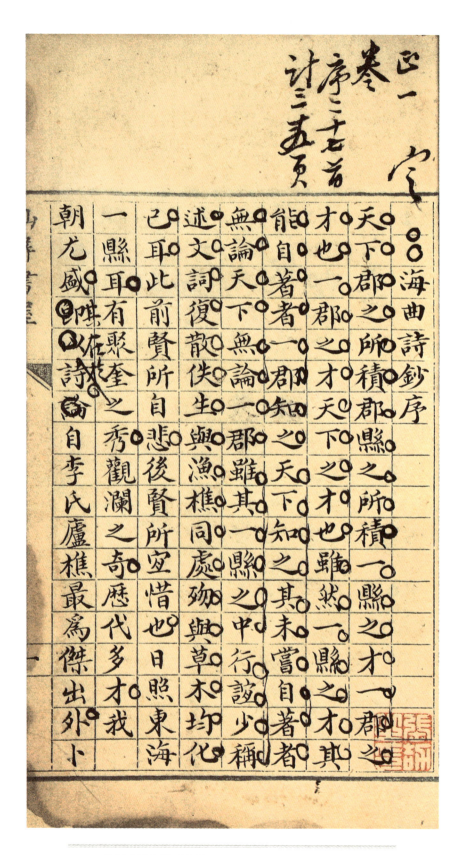

09336 仙屏書屋文稿不分卷 〔清〕黄爵滋撰　稿本

匡高18.6厘米。廣12.7厘米。半葉九行，行十八字，藍格，白口，四周雙邊。江西省圖書館藏。

仙屏書屋初集詩錄卷之一

宜黃　黃爵滋樹齋著

鹿洞書院

維舟落星渚遙望五老麓谿亭橫夕陽洞門隱秋綠繁

昔宋淳熙宗風暢朱陸兩曜揭高言餘光百家燭我來

蕭瞻拜俯仰懷遺躅嘉樹為摩挲天葩散芬馥夜深巖

岫間更叫古時鹿

由白鹿洞入三峽澗

昨從鹿洞息已臥廬山雲鳥語疲殘夢松徑明初斯出

仙屏書屋　詩錄一

09337　仙屏書屋初集詩錄十六卷後錄二卷　〔清〕黃爵滋撰　清道光
二十七年（1847）翟金生泥活字印本
匡高17厘米，廣12.5厘米。半葉九行，行二十一字，白口，左右雙邊。吉林
大學圖書館藏。

謹按子纕先生姓許諱延毂杭州仁
和人先世由德清遷杭父周生先生
諱宗彝任杭城馬市街富藏書
者鑑止水齋集行世子纕先生由
省廣東選惠末縣知縣調樂昌
縣渡為霓門同知年七十五卒次
子從如先生諱善登余姑丈也
先祖伍西公与子纕先生極相得
謁選寓吾家北半載胡同宅一
載有餘　先曾祖母王太夫人余謂
其和藹而親者親家中第一此詩
幅廷其赴粵任時求書者題籤
子纕先生筆也癸丑冬日余客
京師許氏誦茶姑母年七十八矣
自揚州寄還遂敬志之於石

邵章　伯絅氏題　[印]

09338　半巖廬詩二卷　〔清〕邵懿辰撰　稿本

邵章跋。國家圖書館藏。

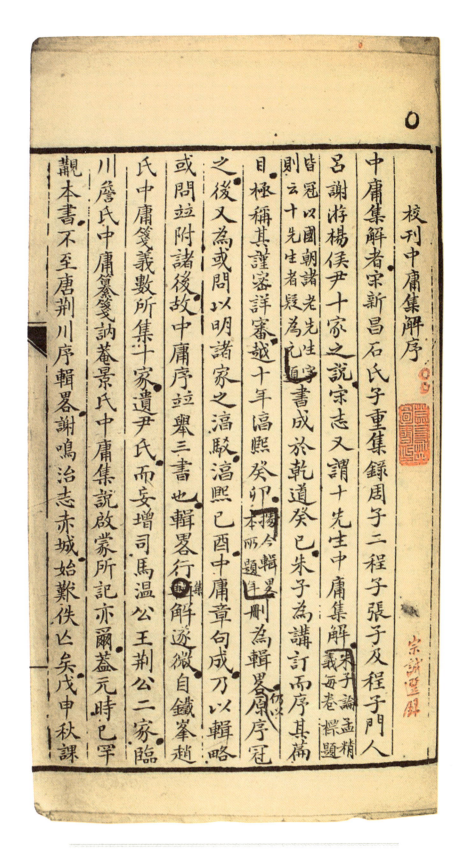

校刊中庸集解序

中庸集解者宋新昌石氏子重集録周子二程子張子及程子門人

呂謝游楊侯尹十家之說宋志又謂十先生中庸集解

皆冠以國朝諸老先生字書成於乾道癸巳朱子為講訂而序其篇

則云十先生者疑為元道

目極稱其謹密詳審越十年淳熙癸卯

之後又為或問以明諸家之滙駮淳熙已酉中庸章句成乃以輯畧

或問竝附諸後故中庸序竝舉三書也輯畧行

氏中庸箋義數所集十家遺尹氏而妄增司馬溫公王荆公二家臨

川詹氏中庸纂箋訥菴景氏中庸集說啟蒙所記亦爾蓋元時已罕

觀本書不至唐荆川序輯畧謝鳴治志赤城始歎佚以矢戊申秋課

09339 邵亭雜文拾二卷 （清）莫友芝撰　稿本

匡高21.9厘米，廣15.1厘米。半葉十行，行字不等，白口，左右雙邊。有
"莫友芝圖書印"等印。東北師範大學圖書館藏。

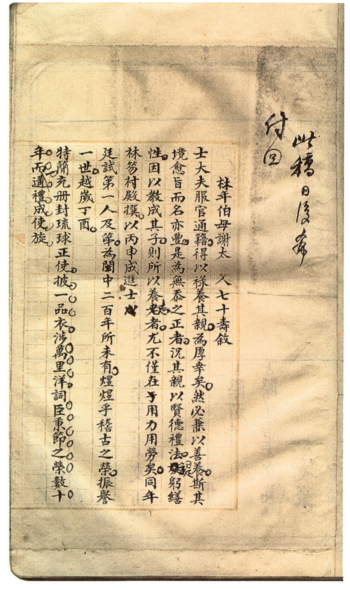

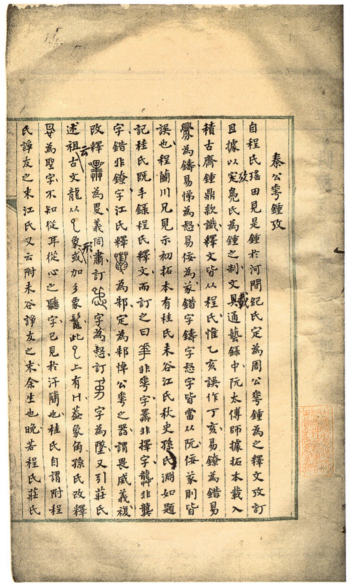

09340 何蝯叟遺著稿不分卷 （清）何紹基撰 稿本

湖南省社會科學院圖書館藏。

山豆上章
魄力湛湛
正杜公正言
別開境地也
集中興豪
之望也在
正為才力
正感廣
圖高

寒蕪偃偓悲風怪樹醫荒日淳泓百尺井盛夏無人汲有明裨崔公
大命山中畢苦甓雖彤殘靈泉尚鳴呃維公抱奇節恥蹈脂韋習
角觸奸貪鴻鷔拯都邑晚充監軍使驥足暫維藝神州已陸沈
餘爐那堪拾也奮臂呼豪俊爭兩集橫刀誓殺賊血染樓堞赤
孤城倏破萬命判呼吸公抱精衛心肯受封狼執湛湛此止水
含笑奮身入君恩敢云報吾自盡吾職君浪葬衣冠丹誠貫金石
近聯張彥羅邵宗遠踐申忠范文逤到今二百年談者為悲泣士
生丁百六宏達觀樹立昂藏忠孝軀事迫挤一擲慷慨与從容詎
假隸也力穹碑古牆坳展拜肅摳揖北望椒山祠雙忠起衿式

健修堂詩録卷六
天雄載筆集起戊戌正月盡九月家居詩附
任邱邊浴禮爕友

鄴中懷古。
翁空傳賀六渾。
安陽韓魏公故里。
賀拔恩勒歌終消霸氣晉陽宮遠戀英魂鼓山石裂珠襦毳
龍虎誰令出一門佛狸殘祚竟橫吞酒邊籌語元忠策稍底頭顱
籌邊容易悟君難元老惟期社稷安策定東宮心獨苦名聞西夏
膽先寒生持忠鯁豐安石死恨提封委契丹昨過相州尋晝錦大

09341 健修堂詩録二十二卷 （清）邊浴禮撰　清抄本

半葉九行，行字不等。曾國藩批註。紹興圖書館藏，存五卷。

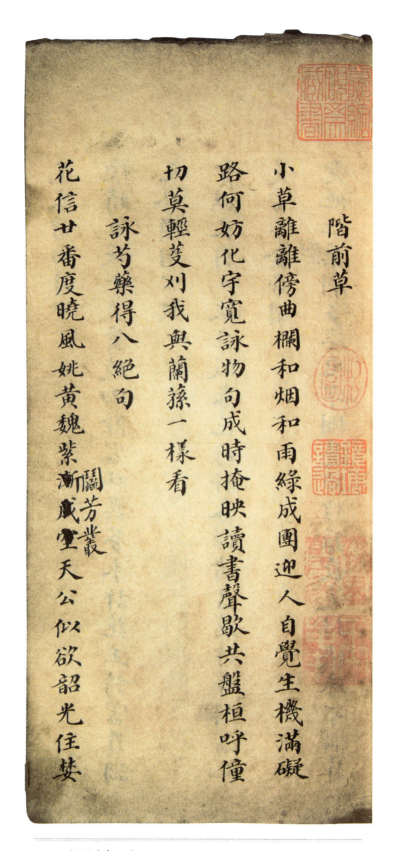

階前草

小草離離傍曲欄和烟和雨綠成團迎人自覺生機滿礙

路何妨化宇寬詠物句成時掩映讀書聲歇共盤桓呼僮

切莫輕芟刈我與蘭蓀一樣看

詠芍藥得八絕句

鬮芳叢

花信廿番度曉風姚黄魏紫漸咸堂天公似欲韶光住婺

09342 杞園吟橐八卷 （清）孔昭珩撰　稿本

半葉六行，行二十二字。有"嬴縮硯齋藏書"、"鏡塘讀過"等印。山東省
圖書館藏。

皇朝經世文編五例

一審取　書各有古歸道存乎寔用志在措正施行何

取紆迂廣徑既經世以表全編則學術乃綱領凡高之

過深微卑之溺糟粕者皆所勿取矣時務莫切於當代

萬事莫備于六官而朝廷為出治之原君相乃羣職之

總先之治體一門用以綱維庶政凡古而不宜或汎而

罕切者皆所勿取矣會典之沿明制猶周官之監夏殷

然時易勢殊敝極必反凡於勝國為藥石而今日為筌

蹄者亦所勿取矣星歷掌之專官律呂成祇聚訟務非

09343　古微堂文稿不分卷　（清）魏源撰　稿本

匡高19.3厘米，廣14.6厘米。半葉九行，行二十一字，小字雙行二十四字，白口，四周雙邊。國家圖書館藏。

親王載垣與肅順褲治之邀謀以奇禍中公而 上固知公無他不深罪也其明年

科復逼天津海口求道北塘起京師大震公許之正 宗師驚 天子幸熱河再

言時公已□□在貴即身蹟功業利能得其明年 文宗簡於熱河 今天子即位

即起公以大學街管理工部其明年遂以大學士入直 和德歷如此是年十一月朔

同早朝得寒疾越六旬竟卒遺疏猶以擇近侍親正人攄修聖學為言藝公之可紀

其大將如此 □□公脩偉嚴重美須髯儀表特異於人笑大學

士再起時特 命無帶領刀見與与一切著使每入直內侍扶掖□出入夜則龍燭導

省非故事所有及公薨又特 贈公太保命臨郡邑即其家葬又 命入祀賢良祠又賜

其孫省源進士曾紫舉人省純即選同知曾桂即補即中常韓中書而同公初擧

大學士時長子同書已由翰林爲安徽巡撫 幼子同蘇已以

09344 孫琴西文稿一卷 （清）孫衣言撰 稿本

匡高19.3厘米，廣11.7厘米。半葉十行，行字不等，藍格，白口，左右雙邊。浙江省瑞安市文物館藏。

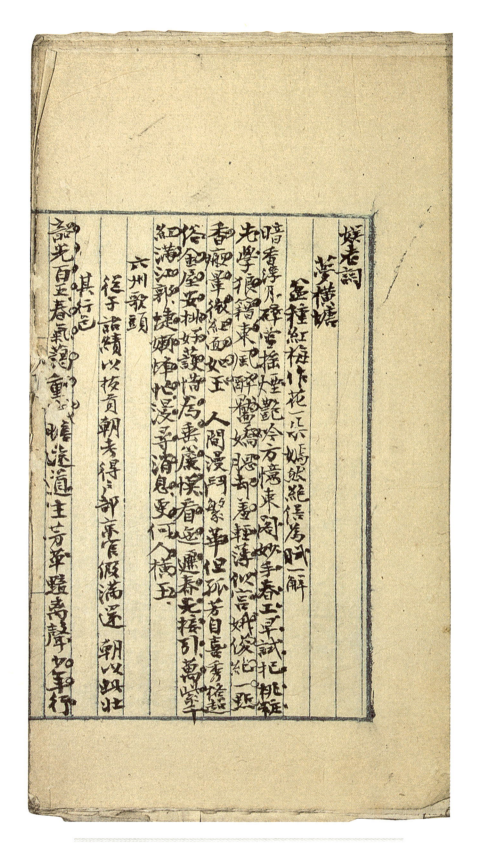

09345 孫琴西娛老詞稿一卷 〔清〕孫衣言撰 稿本

匡高17.1厘米，廣11.8厘米。半葉十二行，行字不等，藍格，白口，左右雙邊。浙江省瑞安市文物館藏。

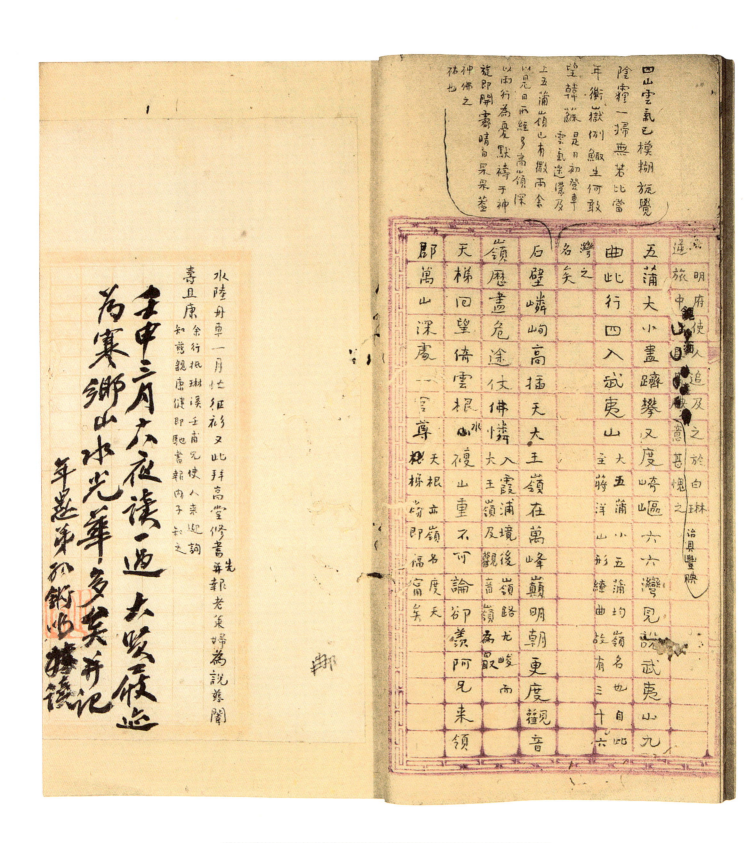

09346 春在堂雜詩一卷 （清）俞樾撰 稿本

匡高21.3厘米，廣13厘米。半葉八行，行二十字，小字雙行同，紫格，紫口，四周花邊。孫鏘鳴跋。浙江省瑞安市文物館藏。

脩業堂初集肄雅詩鈔卷之一

涇　翟廷珍玉山著

培芝軒偕兄西圃弟蔚堂季華姪子敬朗仙集讌

呈黃樹齋夫子

千里迢迢暫解驂　為耽名勝訪桃潭　文章風格雄江左

幹濟才猷冠斗南　仙馭作來青鳥使　弟蔚堂講堂都詩

白猿參了無智慧銷塵刼合掌惟聽老佛談

陪黃樹齋夫子讌萬屏山孝廉宅中

荒圃難挽使君鑾東岸乘舟渡碧潭艮御一過空冀北

09347　脩業堂初集十八卷二集二卷（清）翟廷珍撰　**留芳齋遺稿一卷**（清）翟肯堂撰　清道
光二十八年（1848）翟氏泥活字印本[二集清刻本]
匡高17.5厘米，廣12.3厘米。半葉九行，行二十一字，白口，四周單邊。東北師範大學圖書館藏。

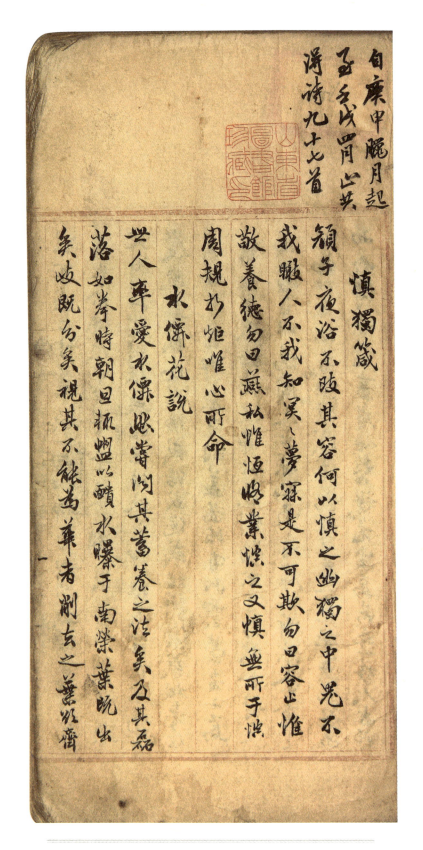

自庚申麗月起
至壬戌四月止共
得詩九十七首

慎獨箴

頷予夜浴不玻其容何以慎之幽獨之中兒不
我睱人不我知冥冥夢寐是不可欺勿曰容止惟
敬養德勿曰藏私惟恆將業慎之又慎無所于悔

周規折矩唯心所命

水傑花說

世人車愛水傑毗嘗聞其蓄養之法矣及其磊
落如拳時朝旦瓶鹽以醋水曝于南榮葉既出
美岐既分美視其不能為葉者削去之葉以齊

09348 張香濤詩稿一卷 〔清〕張之洞撰　稿本

匡高18.1厘米，廣12.2厘米。半葉九行，行字不等，紅格，白口，四周雙邊。陳仁軒、雅穌跋。山東省圖書館藏。

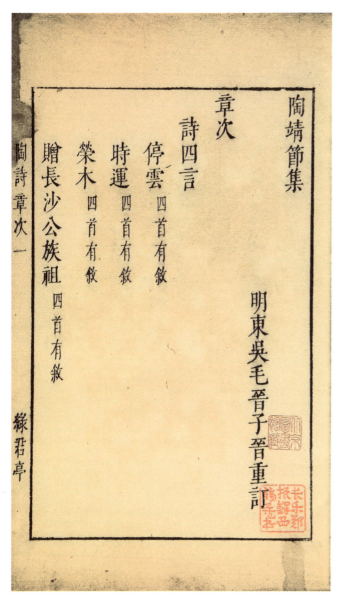

久欲得毛氏緑君亭本屈陶合刻南北各肆
皆無有今乃於隆福寺見之亟取之歸
此本屈子凡收離騷九歌天問九章遠遊卜
居漁父七篇皆原之作也末附參疑譯
韻譯子頗有益於讀者陶集後則附
恭疑及雜附哥資參考予所收毛
氏鑄書已十得七八不知何時方能
集為大觀也元五八年六月三日西
諦記於北京

09349 屈陶合刻十六卷 （明）毛晉編 明萬曆四十六年（1618）、天啓

五年（1625）毛氏緑君亭刻本

匡高20.5厘米，廣14.4厘米。半葉八行，行十八字，白口，四周單邊。鄭振

鐸跋。有"长乐郑振鐸西諦藏书"等印。國家圖書館藏，存十一卷。

東方大中集卷卷全

漢平原東方朔著

明太倉張溥閲

騷

七諫　王逸註

平生於國兮、平屈原，名也。平屈原長於原壤、高平曰原，峒外
生於楚國與君同朝長大見遠，日野言屈原少
棄於山野傷，有始而無終也。言語訥譅兮，音
澀出口爲言相答曰語，又無疆輔、信不能巧利
訥者鈍也謂譅者難也又無疆友黨淺智褊能分聞見
辭令言語訥鈍復無疆一作強
輔以保達已志也

夏方大中集　卷全

騷

09350　漢魏六朝百三家集一百十八卷　（明）張溥編　明婁東張氏刻本
匡高20.5厘米，廣14.2厘米。半葉九行，行十八字，小字雙行同，白口，左
右雙邊。何紹基評點。故宮博物院藏。

— 140 —

嵇中散集

琴賦一首并序

余少好音聲長而翫之以爲物有盛衰而此無
變滋味有厭而此不勌可以導養神氣宣和情
志處窮獨而不悶者莫近於音聲也是故復之
而不足則吟咏以肆志吟詠之不足則寄言以
廣意然八音之器歌舞之象歷世才士並爲之
賦頌其體制風流莫不相襲稱其材幹則以
苦爲上賦其聲音則以悲哀爲主美其感化則
以垂涕爲貴麗則麗矣然未盡其理也推其所

09351 六朝詩集五十五卷　明嘉靖刻本

匡高17.7厘米，廣13厘米。半葉十行，行十八字，白口，左右雙邊。有"長
興王修收藏善本"等印。浙江圖書館藏。

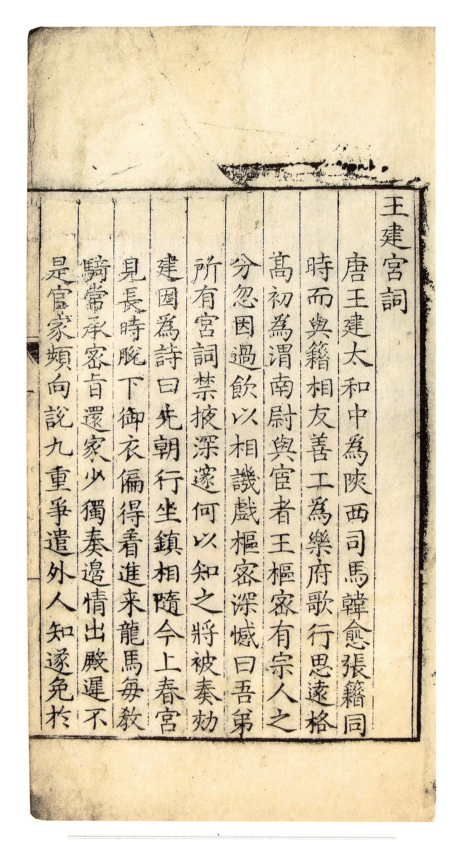

王建宮詞

唐王建太和中爲陝西司馬韓愈張籍同
時而與籍相友善工爲樂府歌行思遠格
高初爲渭南尉與官者王樞密有宗人之
分忽困過飲以相譏戲樞密深憾曰吾弟
所有宮詞禁披深邃何以知之將被奏劾
建因爲詩曰先朝行坐鎮相隨今上春宮
見長時脫下御衣偏得看進來龍馬每教
騎常承家旨還家少獨奏邊情出殿遲不
是官家頻向說九重爭遣外人知遂免於

09352 **四家宮詞四卷** （明）李良柱編　明萬曆七年（1579）李良柱刻本
匡高17.6厘米，廣12.9厘米。半葉十行，行十八字，白口，左右雙邊。湖北
省圖書館藏。

御選宋詩卷第一

帝製詩

太祖

初日詩

欲出未出光邐迤 千山萬山如火發須臾走向天上來

趕却殘星趕却月

太宗

賜陳摶

曾向前朝號白雲後來消息杳無聞如今若肯隨徵召

總把三峰乞與君

真宗

御選宋詩 卷一 太祖 太宗 真宗 一

09353 御選宋金元明四朝詩三百二卷首二卷姓名爵里十三卷 （清）

張豫章等編　清康熙四十八年（1709）內府刻本

匡高16.9厘米，廣11.5厘米。半葉十一行，行二十一字，小字雙行三十一字，白口，左右雙邊。哈爾濱市圖書館藏。

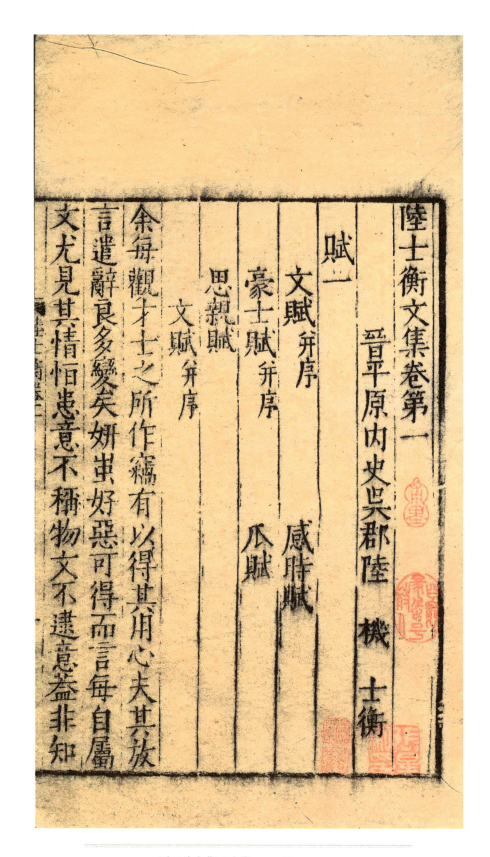

09354、09355 晉二俊文集二十卷 　明正德十四年（1519）陸元大刻本

匡高17.3厘米，廣12.4厘米。半葉十行，行十八字，白口，左右雙邊。山東
大學圖書館藏；南京圖書館藏，丁丙跋。

王摩詰詩集卷之一

附姑蘇顧璘評

唐　藍田王維撰
宋　廬陵劉辰翁評

五言古詩　四言附

藍田山石門精舍

落日山水好漾舟信歸風玩奇不覺遠因以緣源
窮遙愛雲水秀初疑路不同安知清流轉偶與前
山通捨舟理輕策果然愜所適老僧四五人逍遙

峽景自常有
之其詩六若
無意故是隹
趣

王摩詰詩集卷一

09356　盛唐四名家集二十四卷　　明凌濛初刻朱墨套印本

匡高20.9厘米，廣14.6厘米。半葉八行，行十九字，白口，左右雙邊。浙江圖書館藏。

唐儲光羲詩集卷一

五言古詩

述韋昭應畫犀牛

遐方獻文犀萬里隨南金大邦柔遠人以之居山林
食棘無秋冬絕流無淺深雙角前嶄嶄三蹄下駮駮
朝賢牡其容未能辦其音有我襄鳳郎新品長鳴琴
陛閣飛嘉聲丘間盈仁心閒居命國工作繪比堂陰
耽耽若有神族此來儀禽背有舞天庭爲君奏龍吟

獻玉威儀

入與真主言有騎天馬來但有華清宮不用神明臺

儲集卷二

09357 中唐十二家詩集七十八卷 （明）蔣孝編　明嘉靖二十九年
（1550）蔣孝刻本
匡高19.4厘米，廣14.2厘米。半葉十行，行二十字，白口，左右雙邊。山東
省圖書館藏。

—— 146 ——

李嶠集卷上

賦

楚望賦

序曰登高能賦謂感物造端者也夫晴以物感而
心由目暢非歷覽無以寄枌軸之懷非高遠無以
開沉鬱之緒是以騷人發興於臨水柱史詮妙於
登臺不其然歟蓋人稟性情是生衰樂思必深而
深必愁望必遠而遠必傷千里開年且悲春目一
葉早落足動秋襟坦蕩忘情臨大川而永昔憂喜
在色陟崇岡以累歎故惜逝憫時思深之愁也搖

09358 唐詩二十六家五十卷 （明）黃貫曾編　明嘉靖三十三年（1554）

黃氏浮玉山房刻本

匡高18.8厘米，廣14.6厘米。半葉十行，行十九字，白口，左右雙邊。有
"嘉靖甲寅首春江夏黃氏刻于浮玉山房"牌記。有 "毗陵陳康審定"、"曾
在趙元方家"等印。北京師範大學圖書館藏。

唐太宗皇帝集卷上

賦

感應賦并序

余將問罪東夷言過洛邑聊因暇景散慮郊
畿流眄城闕之間覩弱齡遊觀之所風雲如
故卉木惟新少壯不留忽焉白首追思曩日
緬成異世感時懷舊撫彎忘歸握管叙情賦
之云爾

惟端扈之餘隙屬凝陰於暮年時觀兵於九

09359 唐人集□□種□□卷　明銅活字印本

匡高18.9厘米，廣12.8厘米。半葉九行，行十七字，細黑口，左右雙邊。浙江大學圖書館藏，存三十八種一百十七卷。

唐詩名媛集

名媛集

楊肇祉君錫甫輯

五言絶句

○湘妃　劉長卿

帝子不可見秋風來暮思嬋娟湘江月千載空

蛾眉

○息夫人　王維

蔡哀侯娶于陳息侯亦娶焉息嬀將歸

09360 唐詩豔逸品四卷　（明）楊肇祉編　明天啓元年（1621）閔一栻刻朱
墨套印本
匡高20.2厘米，廣14.5厘米。半葉八行，行十八字，白口，四周單邊。遼寧
省圖書館藏。

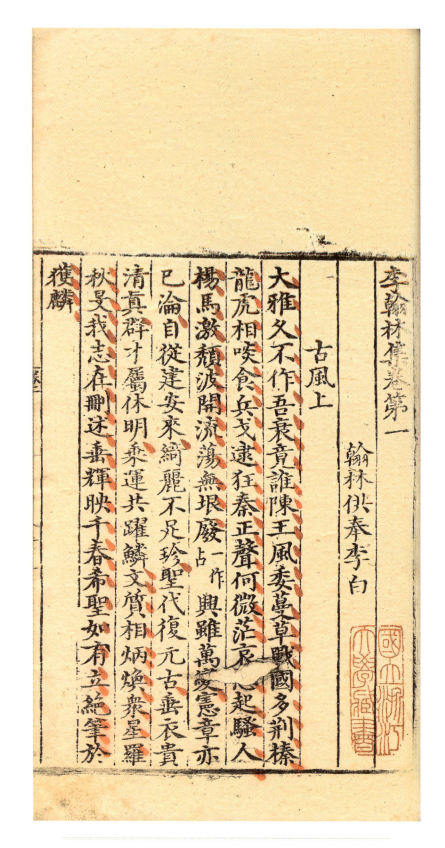

09361 李杜全集八十三卷（明）鮑松編　明正德八年（1513）自刻本

匡高18.3厘米，廣13.8厘米。半葉十行，行二十字，白口，左右單邊。丁耀
亢跋。浙江大學圖書館藏。

李詩選卷一

古風

古風五首

秦皇掃六合虎視何雄哉飛劍決浮雲諸侯盡

西來明斷自天啟大略駕羣才收兵鑄金人函

谷正東開銘功會稽嶺騁望瑯琊臺刑徒七十

萬起土驪山隈尚採不死藥茫然使心哀連弩

射海魚長鯨正崔嵬額鼻象五嶽揚波噴雲雷

09362 李杜詩選十一卷 （明）張含編 （明）楊愼等評 明刻朱墨套印本

匡高20.2厘米，廣14.9厘米。半葉八行，行十八字，白口，四周單邊。中共
北京市委圖書館藏。

貞元十一年公年二十八
大凡宇宙有動靜二說作文
蓋論驪駢散皆以動說之字
易難美靜說之字易成死
語非作家所重漢人精於
學其五賦而隸奇字皆憂
關選於六經諸子外自成
一號麗此可貴其必轉相濫

韓文卷之一

明巡按直隸監察御史新會莫如士重校

賦

感二鳥賦

貞元十一年五月戊辰愈東歸癸酉自潼關出息于河之
陰時始去京師有不遇時之歎見行有籠白烏白鸜鵒而
西者號於道曰其土之守（音付）其官使使者進於天子東
西行者皆避路莫敢正目焉因竊自悲幸生天下無事時
承先人之遺業不識干戈未耕穫之勤讀書著文
自七歲至今凡二十二年其行已不敢有愧於道其間居
思念前古當今之〈故亦僅志其一二大者焉選舉於有司

09363、09364 韓柳文一百卷 （明）游居敬編　明嘉靖三十五年（1556）

莫如士刻本

匡高18.5厘米，廣13.4厘米。半葉十一行，行二十二字，白口，左右雙邊。

北京師範大學圖書館藏，有"何道光印"等印；山西師範大學圖書館藏。

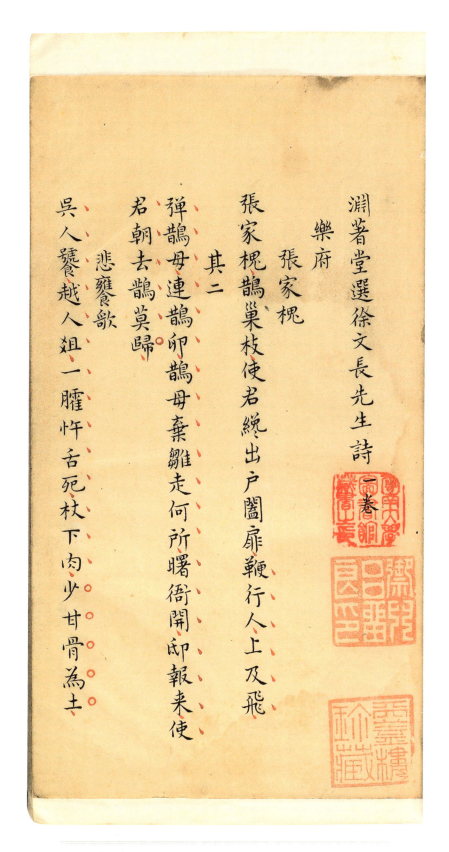

淵著堂選徐文長先生詩

一卷

樂府

張家槐

張家槐鵲巢枝使君繞出戶闔扉鞭行人上及飛

其二

彈鵲母連鵲卵鵲母棄雛走何所曙衙開即報来使

君朝去鵲莫歸

悲饞歌

吳人饕越人俎一膣忤舌死杖下肉少甘骨為土

09365 淵著堂選十八名家詩六集一百三十九卷 清初抄本

半葉九行，行二十字。有"御兒呂留良印"等印。雲南大學圖書館藏。

文選卷第一

梁昭明太子選

唐文林郎守太子右内率府錄事參
軍事崇賢館直學士臣李善注上

奉政大夫同知池州路總管府事張

伯顏助率重刊

賦甲　賦甲者舊題甲乙所以紀卷先後今卷
既改故甲乙並除存其首題以明舊式

京都上

班孟堅兩都賦二首　自光武至和帝都洛陽西京
父老有怨班固恐帝去洛陽
故上此詞以諫
和帝大悦也

09366 文選六十卷 〔梁〕蕭統輯 〔唐〕李善注　明成化二十三年（1487）

唐藩朱芝址刻本

匡高22.6厘米，廣15厘米。半葉十行，行二十二字，小字雙行同，黑口，四
周雙邊。有"酈承銓"、"衡叔所得善本"等印。吉林大學圖書館藏。

606788

606788

文選卷第四

梁昭明太子選

唐文林郎守太子右內率府錄事參軍事崇賢館直學士臣李善注

奉政大夫同知池州路總管府事張伯顏助率重刊

京都中　張平子南都賦一首　左太沖三都賦序一首

蜀都賦一首

南都賦 在京之南故曰南都　張平子

於烏顯樂都 既麗且康 陪京之南居

漢之陽

壤踄荊豫而為疆

兩都賦序

班孟堅

京都上

班孟堅兩都賦二首 京父老有怨班固恐帝去

兩都賦序

賦甲 既政故甲乙並除存其首題以明舊式

奉政大夫同知池州路總管府事張伯顏助率重刊

唐文林郎守太子右內率府錄事參軍事崇賢館直學士臣李善注

梁昭明太子選

文選卷第一

09367、09368 文選六十卷 （梁）蕭統輯 （唐）李善注 明嘉靖元年（1522）汪諒刻本

匡高20.6厘米，廣13.7厘米。半葉十行，行二十一字，小字雙行同，白口，四周單邊或左右雙邊。浙江圖書館藏；安徽大學圖書館藏，有"項墨林父祕笈之印"、"紹廉經眼"、"曾在李鹿山處"、"沈氏粹芬閣所得善本書"、"研易樓藏書印"等印。

文選卷第一

梁昭明太子選

　　唐文林郎守太子右內率府錄事參

　　軍事崇賢館直學士臣李善注上

晉府

勅賜養德書院校正重刊

賦甲　賦甲者舊題甲乙所以紀卷先後今卷
既改故甲乙並除存其首題以明舊式

京都上

班孟堅兩都賦二首　自光武至和帝都洛陽西京
父老有懲班固恐帝去洛陽
故上此詞以諫
和帝大悅也

09369、09370 **文選六十卷**（梁）蕭統輯（唐）李善注　明嘉靖四年
（1525）晉藩養德書院刻本
匡高22.1厘米，廣15.1厘米。半葉十行，行二十二字，小字雙行同，黑口，
四周雙邊。北京師範大學圖書館、大連圖書館藏。

六臣註文選卷第一

梁昭明太子蕭統　撰

唐　李善　呂延濟　劉良　張銑　呂向　李周翰　註

賦甲　善曰賦甲者舊題甲乙所以紀卷先後今存其首題以明舊式

京都上

兩都賦序　善曰自光武至和帝都洛陽西京父老有怨班固恐帝去洛陽故上此詞以諫和帝大悅

班孟堅　善曰後漢書班固字孟堅北地人九歲能屬文長遂博貫載籍顯宗時除蘭臺令史遷為郎乃上兩都賦太將軍竇憲敗固坐免官遂死獄中人明帝修洛陽西土父老怨帝不都長安

09371　六臣注文選六十卷　（梁）蕭統輯　（唐）李善　呂延濟　劉良　張銑　呂向　李周翰注　諸儒議論一卷　（元）陳仁子輯　明刻本
匡高21厘米，廣13.8厘米。半葉十行，行十八字，小字雙行二十三字，白口，四周單邊。廣西壯族自治區圖書館藏。

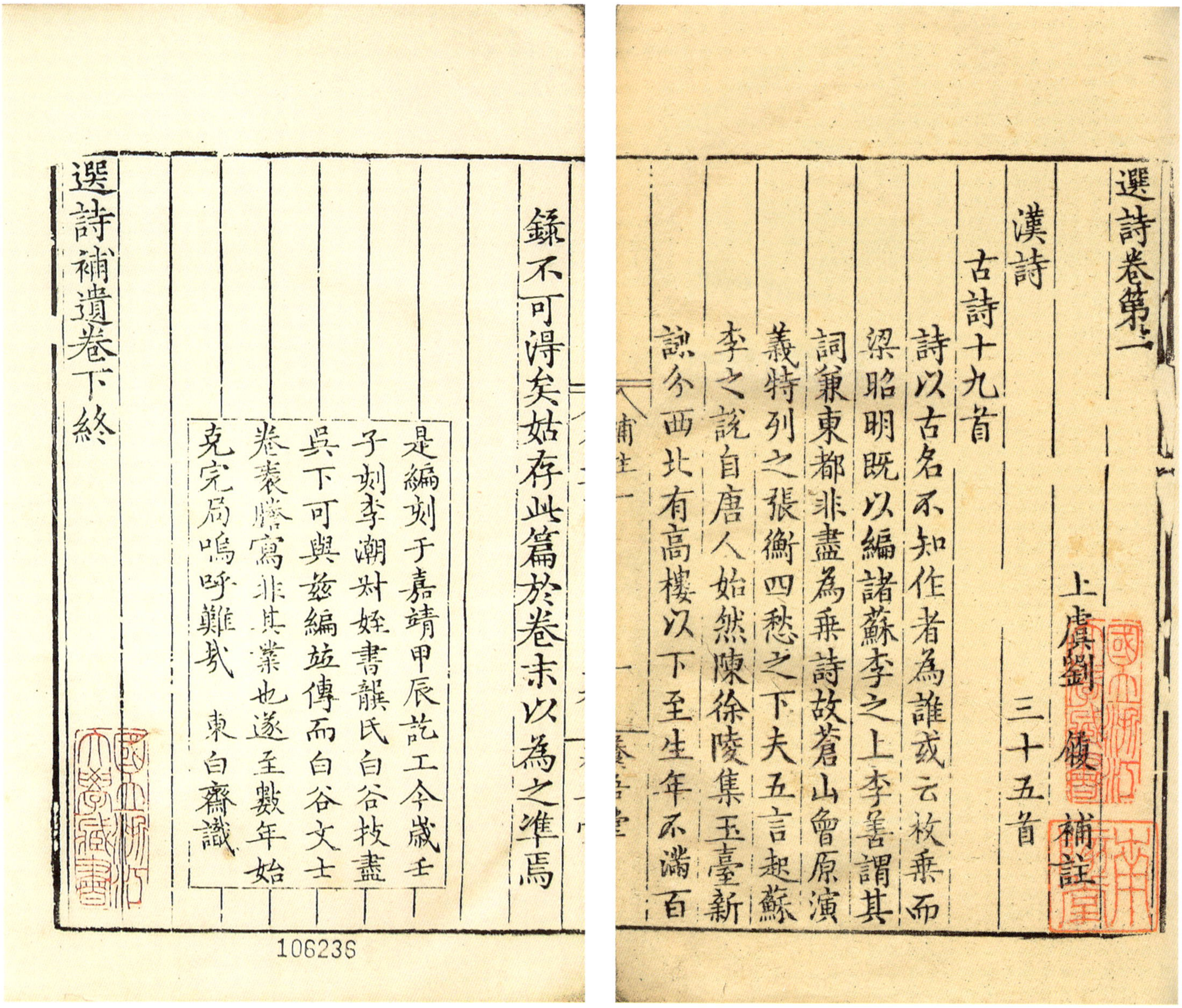
選詩卷第一
上虞劉履　補註
漢詩
三十五首
古詩十九首
詩以古名不知作者為誰或云枚乘而
梁昭明既以編諸蘇李之上李善謂其
詞兼東都非盡為乘詩故蒼山曾原演
義特列之張衡四愁之下夫五言起蘇
李之說自唐人始然陳徐陵集玉臺新
詠分西北有高樓以下至生年不滿百

錄不可得矣姑存此篇於卷末以為之準焉
是編刻于嘉靖甲辰訖工今歲壬
子刻李潮對姪書龔氏白谷校盡
吳下可與茲編並傳而白谷文士
卷褰騰寫非其業也遂至數年始
克完局嗚呼難哉　東白齋識
選詩補遺卷下終
106236

09372　選詩補注八卷（元）劉履撰　**補遺二卷續編四卷**（元）劉履輯　明嘉靖三十一年（1552）顧存仁養吾堂刻本

匡高19.1厘米，廣14厘米。半葉十行，行十九字，白口，左右雙邊。有刻書牌記。浙江大學圖書館藏。

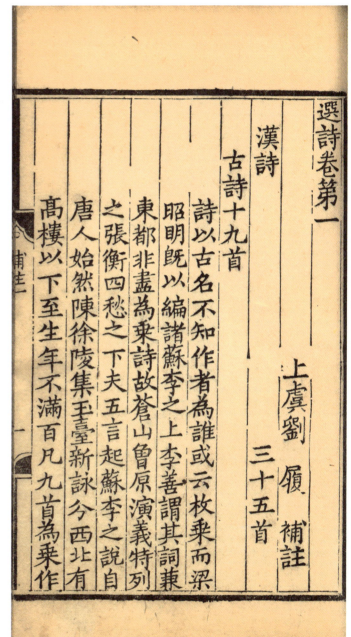

選詩卷第一

漢詩

古詩十九首

上虞劉履補註

三十五首

詩以古名不知作者爲誰或云枚乘而梁昭明旣以編諸蘇李之上李善謂其詞兼東都非盡爲乘詩故蒼山曾原演義特列之張衡四愁之下夫五言起自蘇李之說自唐人始然陳徐陵集玉臺新詠今西北有高樓以下至生年不滿百凡九首爲乘作

選詩卷第二

魏詩一

上虞劉履補註

三十四首

魏武帝姓曹氏諱操字孟德沛國譙人漢舉孝廉爲郎拜騎都尉獻帝初關東州郡起兵討董卓時爲濟南相屯兵河內初平二年表紹爲東郡太守乘黃巾亂入據兗州爲刺史建安初入朝爲司隸校尉録尚書事爲大將軍十三年自爲丞相十八年立爲魏公二十年進爵爲王後文帝即位追謚曰武皇帝廟號太祖

450350

09373 選詩補注八卷 （元）劉履撰 補遺二卷續編四卷 （元）劉履輯 明刻本

匡高20.9厘米，廣13.9厘米。半葉十行，行二十字，黑口，四周雙邊。有"光緒初書歸黃縣王氏海西閣"、"武英殿纂修官黃縣王守訓海西閣鑒藏書籍藝文子孫保之"等印。山東大學圖書館藏，存八卷。

選賦卷一

班固

梁昭明太子蕭統選

兩都賦序

或曰。賦者古詩之流也。昔成康沒而頌聲寢王澤竭而詩不作。大漢初定日不暇給至於武宣之世廼崇禮官考文章内設金馬石渠之署外與樂府協律之事以與廢繼絶潤色鴻業是以

選賦————卷一

選賦———卷一———————一

09374 選賦六卷 （梁）蕭統輯 （明）郭正域評點 名人世次爵里一卷 明凌氏鳳笙閣刻朱墨套印本

匡高20.3厘米，廣14.7厘米。半葉八行，行十八字，白口，四周單邊。南京圖書館藏。

文苑英華卷第一

天象一

賦一

天賦二首

天行健賦一首

披霧見青天賦一首

管中窺天賦二首

天賦

碧落賦一首

乾坤為天地一首

錬石補天賦一首

三無私賦一首

劉允濟

乾隆癸卯五月勘起

臣聞混成發粹大道含元興於物祖首自胚渾分泰階而

立極光耀晠以司尊懸兩明而必照列五緯而無言驅馭

09375 文苑英華一千卷 （宋）李昉等輯　明抄本（卷四百九十六至五百

配清抄本）

匡高21.4厘米，廣14.3厘米。半葉九行，行二十二字，白口，四周單邊。南

通市圖書館藏。

古文苑卷第二

文

石鼓文

09376 **古文苑九卷** 明崇禎十四年（1641）孫江、陸貽典家抄本

孫江跋。陸貽典、顧廣圻校並跋。有"陸氏敕先收藏書籍"、"陸印貽典"、"席鑒"、"廣圻審定"、"鐵琴銅劍樓"等印。國家圖書館藏。

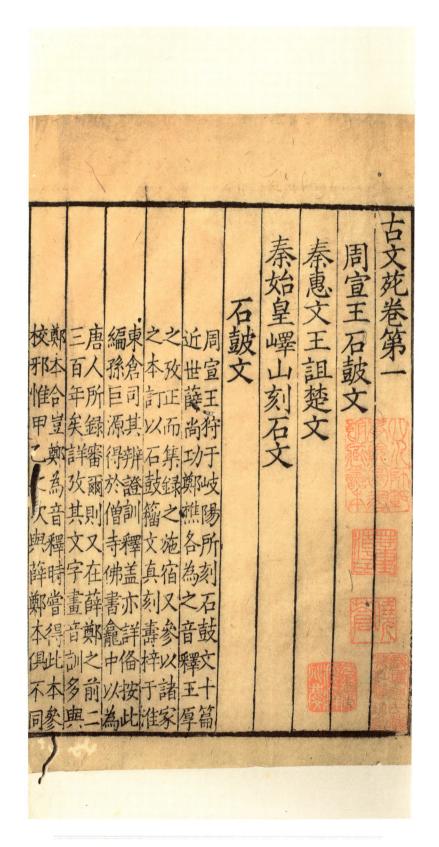

古文苑卷第一

周宣王石鼓文

秦惠文王詛楚文

秦始皇嶧山刻石文

石鼓文

周宣王狩于岐陽所刻石鼓文十篇

近世薛尚功鄭樵各為之音釋王厚

之本攷訂以而集石鼓録籀之文真刻壽梓以諸家

編東孫巨源其得辨於僧訓寺釋佛蓋書亦詳龕中僭以按此為準

三唐人所録矣詳攷其則文字又在薛鄭之前與二

校鄭本惟合甲乙鄭為音釋時鄭嘗本得俱此不本同參

09377　古文苑二十一卷　（宋）章樵注　明刻本

匡高19.7厘米，廣15厘米。半葉十行，行十八字，小字雙行同，白口，四周
單邊。四川師範大學圖書館藏。

廣文選卷第一

明通議大夫都察院右副都御史大庾劉節廣

賦

天地廣

成公子安

天地賦

惟自然之初載兮道虛無而玄清太素紛以溷淆兮始
有物而混成何元一之芒昧兮廓開闔而著形爾乃清
濁剖分玄黃判離太極既殊是生兩儀星辰煥列日月
重規天動以尊地靜以甲晝明迭炤或盈或虧陰陽協
氣而代謝寒暑隨時而推移三才殊性五行異位千變
萬化繁育庶類授之以形稟之以氣色表文采聲有音
律覆載無方流形品物鼓以雷霆潤以慶雲八風翱翔

09378 廣文選八十二卷目録二卷 （明）劉節輯　明嘉靖十二年（1533）

侯秩刻本

匡高21厘米，廣16.1厘米。半葉十二行，行二十一字，白口，左右雙邊。有
"二十萬卷樓"、"古滇梁氏修竹山農鑑藏善本"、"之相所讀"等印。雲
南省圖書館藏。

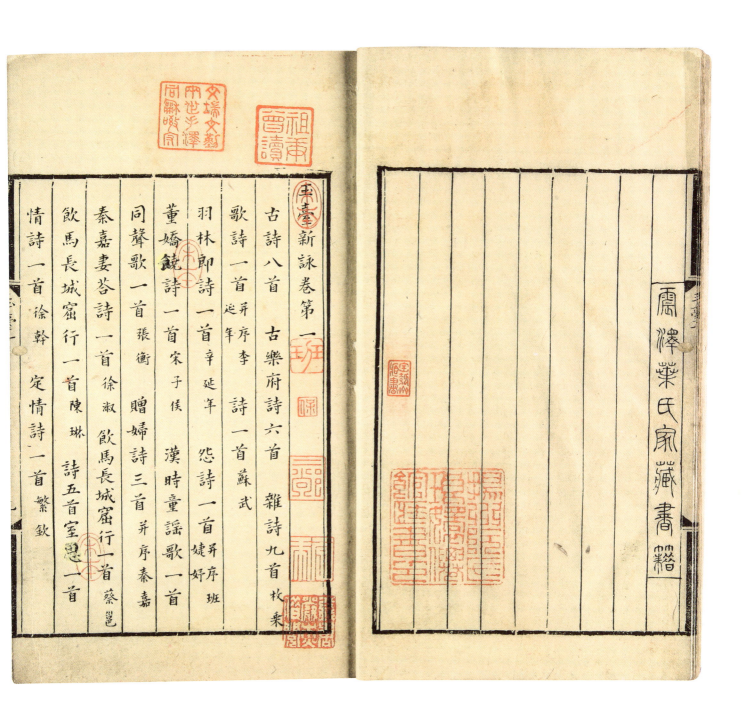

玉臺新詠卷第一

古詩八首　古樂府詩六首　雜詩九首枚乘

歌詩一首并序李　詩一首蘇武

羽林郎詩一首辛延年　怨詩一首并序班婕妤

董嬌饒詩一首宋子侯　漢時童謠歌一首

同聲歌一首張衡　贈婦詩三首并序秦嘉

秦嘉妻荅詩一首徐淑　飲馬長城窟行一首蔡邕

飲馬長城窟行一首陳琳　詩五首室思一首

情詩一首徐幹　定情詩一首繁欽

09379　玉臺新詠十卷 （陳）徐陵輯　明崇禎二年（1629）馮班抄本

匡高15.2厘米，廣10.8厘米。半葉九行，行十九字，黑口，左右雙邊。馮班、何雲校並跋。葉裕、錢孫艾、趙瑾、翁同書跋。有"班"、"揚州阮氏琅嬛仙館藏書印"、"祖庚曾讀"、"文端文勤兩世手澤同穌敬守"等印。國家圖書館藏。

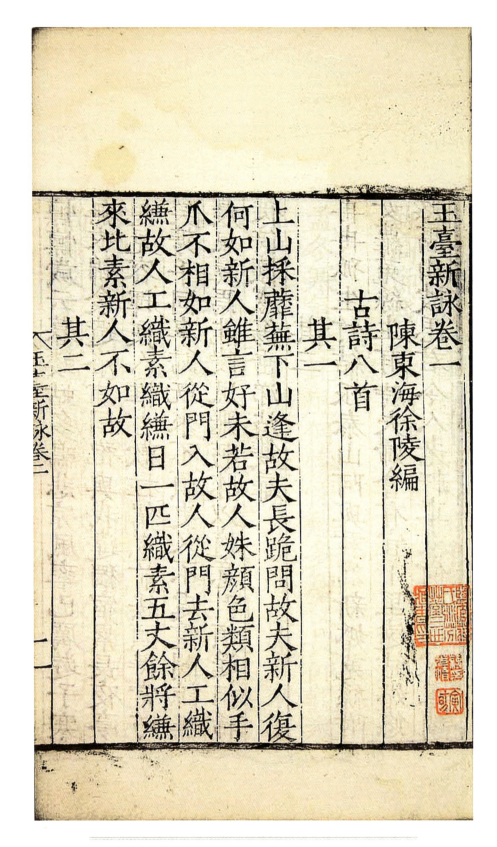

玉臺新詠卷一

陳東海徐陵編

古詩八首

其一

上山採蘼蕪下山逢故夫長跪問故夫新人復
何如新人雖言好未若故人姝顏色類相似手
爪不相如新人從門入故人從門去新人工織
縑故人工織素織縑日一匹織素五丈餘將縑
來比素新人不如故

其二

09380 玉臺新詠十卷 （陳）徐陵輯　**續五卷**　（明）鄭玄撫輯　明嘉靖

十九年（1540）鄭玄撫刻本

匡高16.4厘米，廣13.2厘米。半葉十行，行十八字，白口，左右雙邊。有

"蔣印光焴"等印。浙江圖書館藏。

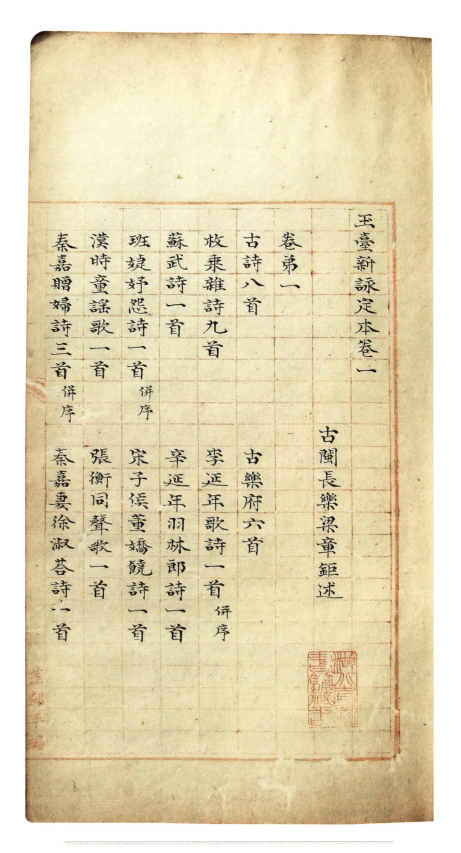

玉臺新詠定本卷一

古閩長樂梁章鉅述

卷弟一

古詩八首

枚乗雜詩九首

蘇武詩一首

班婕妤怨詩一首 併序

漢時童謠歌一首

秦嘉贈婦詩三首 併序

古樂府六首

李延年歌詩一首 併序

辛延年羽林郎詩一首

宋子侯董嬌饒詩一首

張衡同聲歌一首

秦嘉妻徐淑荅詩一首

09381 玉臺新詠定本十卷 （陳）徐陵輯 （清）梁章鉅注 稿本

匡高19.9厘米，廣13.4厘米。半葉九行，行二十五字，紅格，白口，四周雙
邊。湖北省圖書館藏。

古樂府卷之一

豫章左克明編次

古歌謡辭

擊壤歌　康衢謡　舜歌
卿雲歌　南風歌　夏人歌
五子歌　黃澤歌　白雲謡
穆天子謡　南山謡　華元歌
澤門之晳歌　子産歌　庚癸歌
孔子歌　孺子歌　接輿歌
原壤歌　夢奠歌　成人歌
徐人歌　驪駒歌　越人歌
采葛歌　紫玉歌　渡易水

09382 古樂府十卷　〔元〕左克明輯　明正德四年（1509）孫璽刻本
匡高19.3厘米，廣13.9厘米。半葉十二行，行二十一字，白口，左右雙邊。
山東大學圖書館藏，存八卷。

古樂府卷之一　　豫章左克明編次

古歌謡辭

擊壤歌　　康衢謡　　舜歌

卿雲歌　　南風歌　　夏人歌

五子歌　　黄澤歌　　白雲謡

穆天子謡　南山謡　　華元歌

澤門之晢歌　子産歌　庚癸歌

孔子歌　　孺子歌　　接輿歌

09383 古樂府十卷　〔元〕左克明輯　明嘉靖二十三年（1544）蕭一中刻本
匡高19.3厘米，廣14.9厘米。半葉九行，行十八字，白口，左右雙邊。包背
裝。東北師範大學圖書館藏。

古樂府卷之一

豫章左克明編次

古歌謠辭

擊壤歌　康衢謠　舜歌
卿雲歌　南風歌　夏人歌
五子歌　黃澤歌　白雲謠
穆天子謠　南山謠　華元歌
澤門之晳歌　子產歌　庚癸歌
孔子歌　孺子歌　接輿歌

09384 古樂府十卷 （元）左克明輯　明嘉靖二十九年（1550）楊巍刻本
匡高19.9厘米，廣15.1厘米。半葉九行，行十八字，白口，左右雙邊。浙江圖書館藏。

風雅廣逸卷之一

歌上

　彈歌

吳越春秋曰越王欲謀復吳范蠡進善射者陳音

音楚人也越王請音而問曰孤聞子善射道何所

生音曰臣聞弩生于弓弓生於彈彈起于古之孝

子不忍見父母爲禽獸所食故作彈以守之歌曰

斷竹續竹飛土逐宍　宍古肉字今吳越春秋作害非

　　劉勰云黃歌斷竹質之至也又曰竹黃歌乃二言之始○黃黃帝也

09385 風雅廣逸十卷附録一卷 （明）馮惟訥輯　明嘉靖三十年（1551）

喬承慈刻本

匡高18.9厘米，廣13.8厘米。半葉九行，行二十二字，小字雙行同，白口，
四周單邊。雲南大學圖書館藏。

漢詩紀卷之一

卷一

北海馮惟訥編

高帝 姓劉氏諱
邦字季

大風歌 侯之章
一名三

漢書曰高帝既定天下還過沛留置酒沛宮悉
召故人父老子弟佐酒發沛中兒得百二十人
教之歌酒酣上擊筑自歌令兒
皆和習之帝乃起舞慷慨傷懷

大風起兮雲飛揚威加海內兮歸故鄉安得猛士兮守四
方

鴻鵠歌 古樂府
作楚歌

09386　漢魏詩紀二十卷　（明）馮惟訥輯　談藝錄一卷　（明）徐禎卿
撰　明嘉靖三十八年（1559）自刻本
匡高21.7厘米，廣16厘米。半葉九行，行二十二字，小字雙行同，白口，四
周雙邊。重慶市北碚圖書館藏。

六朝聲偶刪補卷之一

海陽邵一儒仲魯甫訂次

齊詩

聲偶原集以齊詩爲六朝之首茲本之仍

首此

王融

明王曲

明王日月照至樂天地和幸息雲門吹復歇咸

池歌桂序一作房

金匏轉瑤軒絲石羅朱騏步躑

聲偶刪補齊卷一

金匏轉瑤軒絲石羅朱騏步躑

09387 六朝聲偶刪補七卷 （明）邵一儒輯　明泰昌元年（1620）刻本

匡高21厘米，廣14.2厘米。半葉九行，行十八字，白口，四周單邊。福建師
範大學圖書館藏。

幼學日誦五倫詩選卷之一

雲間　沈易　眼□　編選

曲江　錢惟善忠復校正

父子類　孝女順孫附

五言

古詩

寄東魯二稚子　李白

吳地桑葉綠吳蠶已三眠我家寄東魯誰種龜陰田
春事不及已江行復茫然南風吹歸心飛墮酒樓前
樓東一株桃枝葉拂青煙此樹我所種別來向三年
桃今与樓齊我行尚未旋嬌女字平陽折花倚桃邊
折花不見我淚下如流泉小兒名阿禽与姊亦齊肩

09388　幼學日誦五倫詩選五卷　（明）沈易輯　明洪武二十年（1387）刻本

匡高18.4厘米，廣12.9厘米。半葉十二行，行二十字，黑口，左右雙邊。南京圖書館藏。

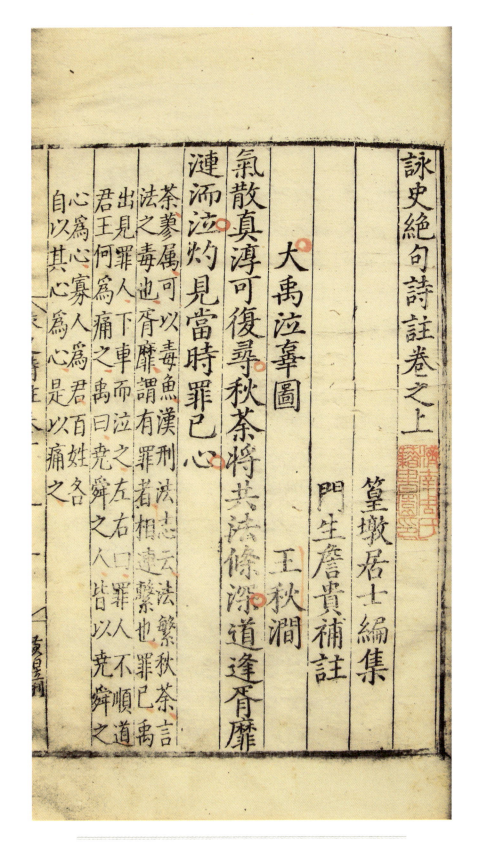

詠史絕句詩註卷之上

篁墩居士編集

門生詹貴補註

大禹泣辠圖

王秋澗

氣散真漓可復尋秋荼將英法條深道逢胥靡

漣洏泣灼見當時罪已心

茶蓼屬可以毒魚漢刑法志云法繁秋荼言

法之毒也胥靡謂有罪者相連繫也罪已禹

出見罪人下車而泣之左右曰罪人不順道

君王何為痛之禹曰堯舜之人皆以堯舜之

心為心寡人為君百姓各

自以其心為心是以痛之

09389 詠史絕句詩註二卷 （明）程敏政輯 （明）詹貴補注　明刻本

匡高19.3厘米，廣13.1厘米。半葉九行，行十八字，小字雙行同，細黑口，
左右雙邊。中國人民大學圖書館藏。

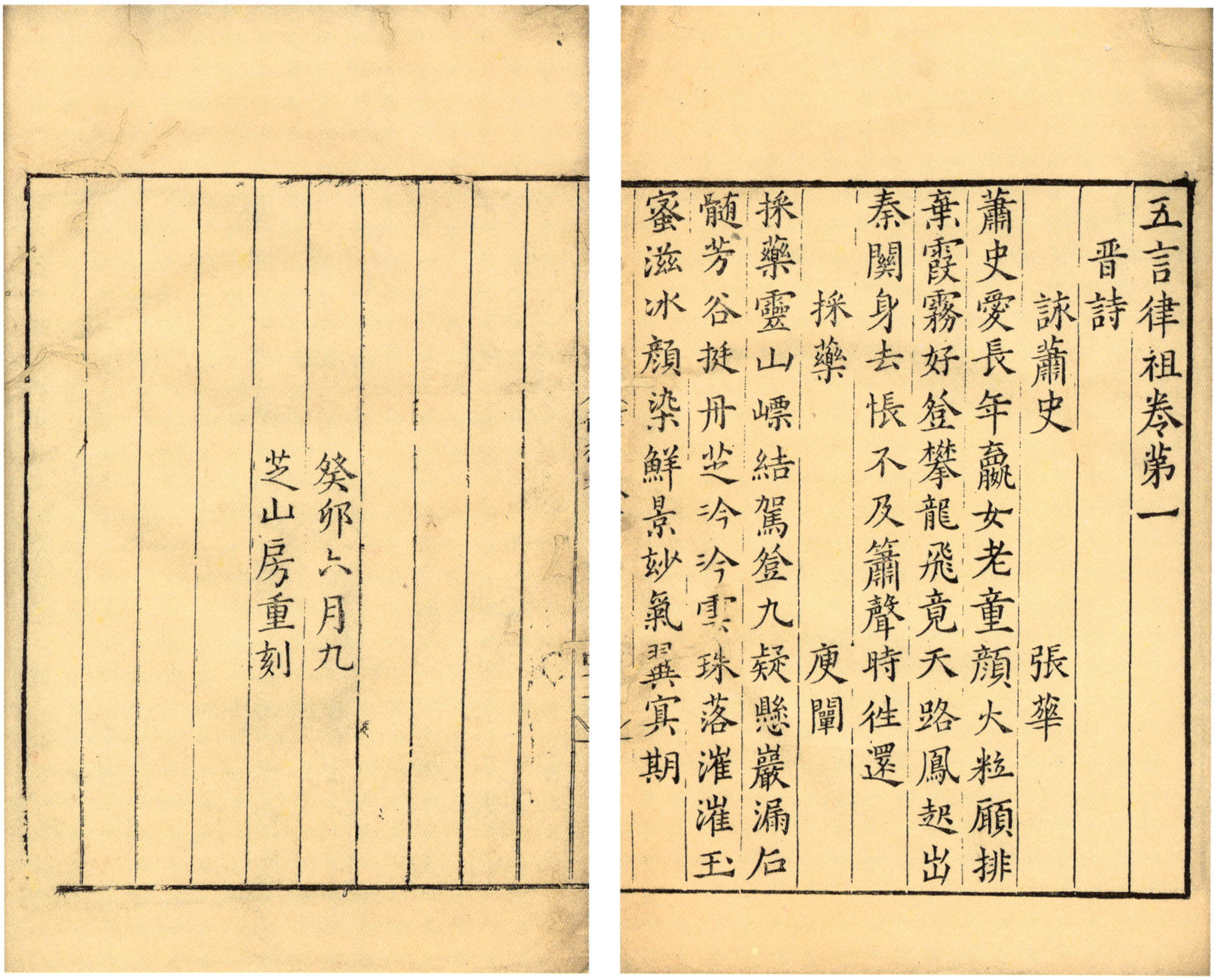

五言律祖卷第一

晉詩

詠蕭史　張華

蕭史愛長年嬴女老童顏火粒願排

棄霞霧好登攀龍飛竟天路鳳起出

秦關身去悵不及簫聲時往還

採藥　庾闡

採藥靈山嫖結駕登九疑懸巖漏石

髓芳谷挺丹芝泠泠雲珠落漼漼玉

蜜滋冰顏染鮮景妙氣翼冥期

癸卯六月九

芝山房重刻

09390　五言律祖六卷　（明）楊慎輯　明九芝山房刻本

匡高18.3厘米，廣15.1厘米。半葉十行，行十四字，白口，四周單邊。有"癸卯六月九芝山房重刻"牌記。蘇州圖書館藏。

重刻苑詩類選序

魏郡申旟撰

叙曰古詩蓋三千餘篇孔子去其重取可
施於禮義者三百五篇以備王道成六藝
於是言詩者本三百而删後無詩哲人興
歎矣梁太子統又自周室迄於其時彙爲
文選選之後無聞焉至宋雍熙初文苑英
華始出詩由晚唐得遡而上之以接乎統

苑詩類選卷之一

明監察御史包節輯給事中王交校從子包樾芳刻

天部一

○詠朝日

　日月星雨雲晴風
　霜露霧煙天河霓

李鏡遠

始臨東岳觀俄升若木枝萍實許侍彩合扇且慙覗比
林耿初曜員窓鑒早曦照庭餘雪盡映簷溜滴垂徘徊
匝花樹煜爐滿春池柳陰縈歷歷簾影復離離曾泉豈
停舍桑榆忽在斯回戈安得中長繩不可羈冲情愛景
落清晏惜光馳溫暉徒已荷深心竊自知

劉孝威

奉和晚日

09391 苑詩類選三十卷 （明）包節輯　明嘉靖三十八年（1559）包樾
芳刻本

匡高19.2厘米,廣14厘米。半葉十行,行二十一字,白口,四周雙邊。有"商
丘宋筠蘭揮氏"、"宛平王氏家藏"、"慕齋鑒定"等印。首都圖書館藏。

詩刪卷之一

濟南李攀龍于鱗　選

古逸

商銘

商王

嗛嗛之德不足就也不可以矜而祗取憂也嗛嗛
之食不足猸也不能爲臺而祗離咎也

盤銘

武王

與其溺於人也寧溺於淵溺於淵猶可游也溺於
人不可救也

笺見小

鍾伯敬曰溺
於人三字警
甚讒色俱在
此

甚言溺之不可

詩刪　卷一　一

09392　詩刪二十三卷　（明）李攀龍輯　（明）鍾惺　譚元春評　明刻朱
墨套印本
匡高20.7厘米，廣14.7厘米。半葉九行，行十九字，白口，四周單邊。故宮
博物院藏。

後世邊城怨與此淒切

絕祖卷一

絕祖卷一

吳興茅翁積輯　延甫選定
檇李陳萬言居一甫評點

秦

無名氏

始皇時民歌　楊泉物理曰始皇築長城死者相屬民怨爲歌

生男慎勿舉生女哺用脯不見長城下尸骸相

支柱

漢

09393　絕祖三卷　（明）茅翁積輯　明茅兆河刻朱墨套印本

匡高20厘米，廣14.3厘米。半葉八行，行十八字，白口，四周單邊。遼寧省圖書館藏。

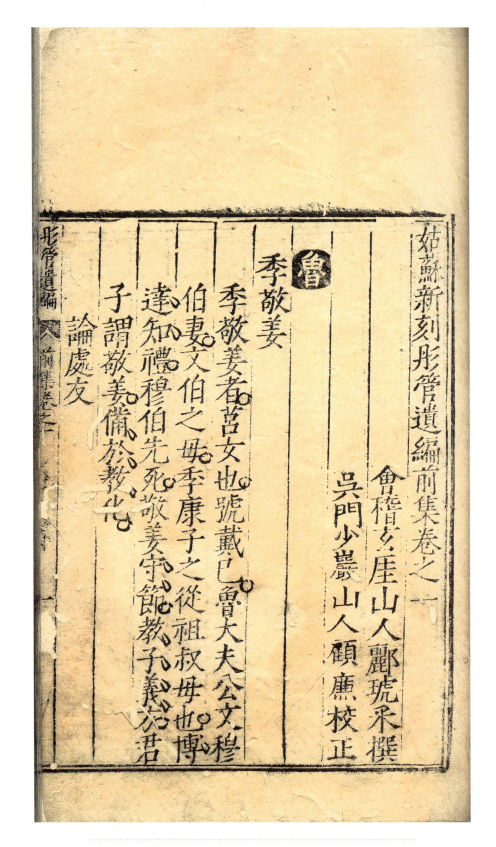

姑蘇新刻彤管遺編前集卷之一

會稽玄厓山人酈琥采撰

吳門少巖山人顧廉校正

魯

季敬姜

季敬姜

季敬姜者莒女也。號戴巳。魯大夫公文穆伯妻。文伯之母。季康子之從祖叔母也。博達知禮。穆伯先死。敬姜守節。教子以義。治君子謂敬姜備於教化。

論處友

09394　姑蘇新刻彤管遺編前集四卷後集十卷續集三卷附集一卷別

集二卷　（明）酈琥輯　明隆慶元年（1567）自刻本

匡高17.4厘米，廣12.7厘米。半葉十行，行十八字，白口，四周雙邊。北京師範大學圖書館藏。

雲韶叶雅古詩卷之一

明溫陵玉橋朱　梧批點

同郡儀庭黃鳳翔

咫亭詹仰庇輯

宗陵趙日崇校

變韻古詩

毛詩二十章

參差荇菜左右流之窈窕淑女寤寐求之求之不得

寤寐思服悠哉悠哉輾轉反側（八句二韻）

葛之覃兮施于中谷維葉萋萋黃鳥于飛集于灌木

09395　雲韶叶雅四卷　（明）黃鳳翔　詹仰庇輯　明萬曆刻本

匡高20.8厘米，廣14.8厘米。半葉十行，行二十字，白口，四周雙邊。雲南省圖書館藏。

古今名媛古歌卷之一

閩中鄭文昂季卿甫編輯

五帝

皇娥

清歌

天清地曠浩茫茫萬象廻薄化無方浴天蕩蕩

望滄滄乘桴輕漾著日傍當期何所至窮桑心

知和樂悦未央

周

名媛彙詩

名媛彙詩　卷一

09396　古今名媛彙詩二十卷　（明）鄭文昂輯　明泰昌元年（1620）張

正岳刻本

匡高21.1厘米，廣14.4厘米。半葉九行，行十八字，白口，四周單邊。安徽
省博物館藏。

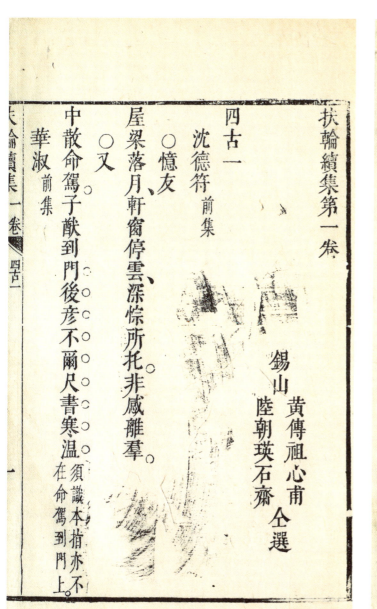

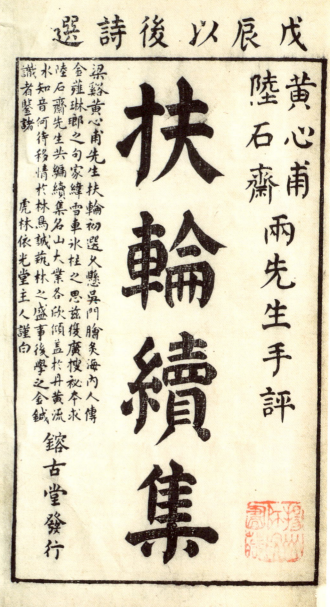

09397 扶輪續集十五卷 （清）黄傳祖　陸朝瑛輯　清順治八年（1651）

刻本

匡高20.1厘米，廣13.8厘米。半葉十行，行二十二字，白口，四周單邊。扉

葉有刻書署記。揚州大學圖書館藏。

扶輪廣集第二卷

河北張坦公先生鑒定

上谷呂翁如正始北海趙進美韞退同祭

〔印〕錫山黃傳祖心甫評選

五古一

陳治安　續集

○見雲門寺屋梁上所題歲月有感　懷抱關此

雲門古招提傳自東晉人蠧屋幾營構上題洪熙春歷年

繞二百字跡已漸湮助力有道成餘人失其真想當書名

時僝功各佚佚絕沒要緊事傍徨追想歲月一逾邁久爲

冢中塵感茲一定理懷抱生苦辛往時兩文成曾爲此山

09398 扶輪廣集十四卷　（清）黃傳祖輯　清順治十二年（1655）黃氏儂

麟草堂刻本

匡高19.8厘米，廣13.9厘米。半葉十行，行二十二字，白口，四周單邊。曹

貞吉批校。山東省博物館藏。

御選宋詩姓名爵里卷第一

帝系

太祖皇帝
姓趙氏諱匡胤涿郡人受周恭帝禪在位十七年謚曰啓運立極英武睿文神德聖功至明大孝皇帝廟號太祖

太宗皇帝
諱炅太祖之弟初封晉王開寶九年嗣位在位二十二年謚曰神功聖德文武皇帝廟號太宗有御製集一百二十卷

真宗皇帝　有御製集　三百卷
諱恒太宗第三子至道元年立為皇太子三年嗣位在位二十五年謚曰膺符稽古神功讓德文明武定章聖元孝皇帝廟號真宗

仁宗皇帝　仁宗有御製　集一百卷
諱禎真宗第六子天禧二年立為皇太子乾興元年嗣位在位四十五年謚曰體天法道極功全德神文聖武睿哲明孝皇帝廟號

神宗皇帝　製集一百　六十卷
諱頊英宗長子治平三年立為皇太子四年嗣位在位十八年謚曰紹天法古運德建功英文烈武欽仁聖孝皇帝廟號神宗有御

徽宗皇帝
諱佶神宗第十一子紹聖初封端王元符三年嗣位在位二十五年謚曰體神合道駿烈遜功聖文仁德憲慈顯孝皇帝廟號徽宗

御選宋詩　卷一　帝系　諸家姓名爵里　一

09399　御選宋金元明四朝詩三百二卷首二卷姓名爵里十三卷

（清）聖祖玄燁輯　清康熙四十八年（1709）內府刻本
匡高16.9厘米，廣11.7厘米。半葉十一行，行二十一字，小字雙行三十一字，白口，左右雙邊。故宮博物院藏。

佩文齋詠物詩選

天類

四言古

八伯歌　　　　　　　　古逸詩

明明上天爛然星陳日月光華宏予一人

釋天地圖贊　　　　　晉　郭　璞

祭地肆瘞郊天致禮氣升太乙精涣九淵至敬不文明

德惟虞

天贊　　　　　宋　何承天

軒轅改物以經天人容成造曆大撓創辰龍集有次星

紀乃分

天類

09400-09404 佩文齋詠物詩選四百八十六卷〔清〕張玉書　汪霦等

輯　清康熙四十六年（1707）內府刻本

匡高16.5厘米，廣11.6厘米。半葉十一行，行二十一字，細黑口，左右雙

邊。四川大學圖書館、故宮博物院、中國民族圖書館、山東省圖書館、石家

莊市圖書館藏。

御定歷代題畫詩類卷第一

　　　　翰林院編修臣陳邦彥奉

旨校刊

天文類

觀慶雲圖

縑素傳休祉丹青狀慶雲非煙凝漠漠似蓋乍紛紛尚駐從
龍意全舒捧日文光因五色起影向九霄分裂素觀嘉瑞披
圖賀聖君寧同窺汗漫方此觀氛氳

觀慶雲圖

　　　　唐柳宗元

設色初成象卿雲示國都九天開祕祉百辟贊嘉謨抱日依
龍袞非煙近御爐高標連汗漫向望接虛無裂素縈光發舒

09405—09407 御定歷代題畫詩類一百二十卷 （清）陳邦彥輯　清康
熙四十六年（1707）內府刻本
匡高18.7厘米，廣12.8厘米。半葉十一行，行二十三字，黑口，左右雙邊。
山西省圖書館、山東省圖書館、蘇州博物館藏。

歷朝閏雅卷一

經筵日講官 起居注翰林院掌院學士兼禮部侍郎教習庶吉士加六級臣揆敘奉

敕纂進

五言古詩

唐

鮑君徽

關山月

高高秋月明北照遼陽城寒迥光初滿風多暈更生

征人望鄉思戰馬聞鼓驚朔風悲邊草胡沙暗虜營

霜凝匣中劍雲蔽原上旌早晚謁金關不聞刁斗聲

09408 歷朝閏雅十二卷 （清）揆敘輯　清康熙刻本

匡高18.4厘米，廣13.1厘米。半葉十行，行二十字，白口，四周雙邊。遼寧省圖書館藏。

沈德潛曰不著議論詠古一體

荀子曰桃李倩粲於一時至而後殺至於松
柏經隆冬而不凋可謂得其真矣
君平既棄世世亦棄君平觀變窮太易探元化羣
生寂寞綴道論空簾閉幽情驪虞不虛來鸞驚有
時鳴安知天漢上白日懸高名海客去已久誰人
測沈冥

驪虞見王道之成鸞驚為與朝之瑞蕭士贇曰此
喻聖賢不虛生其出也有時名懸天漢而人不能

御選唐宋詩醇卷之一
隴西李白詩一

有唐詩人至杜子美氏集古今之大成為風雅之
正宗譚藝家迄今奉為矩矱無異議者然有同時
並出與之頡頏上下齊驅中原勢鈞力敵而無所
多讓太白亦千古一人也夫論古人之詩當觀其
大者遠者得其性情之所存然後等厥材力辨厥
淵源以定其流品一切悠悠耳食之論奚足道哉
李杜二家所謂異曲同工殊塗同歸者觀其全詩

09409　御选唐宋詩醇四十七卷目錄二卷　（清）高宗弘曆輯　清乾隆
十五年（1750）内府刻四色套印本
匡高19.7厘米，廣13.5厘米。半葉九行，行十九字，白口，四周單邊。吉林
省圖書館藏。

風雅遺踪　卷之二

張駿　東門行

陶潛　和郭主簿　桃花源詩

歸田園居二首　飲酒四首

飲酒四首　擬古三首

雜詩　詠貧士一首

讀山海經一首

郭璞　遊仙詩七首

帛道猷　陵峰採藥觸興為詩

謝道韞　登山

無名氏　西洲曲

風雅遺踪　卷之二

禮親王　永恩　惠周氏　鑒定

子昭　棟　評對

三吳　韓崧頌甫
畢敦補垣　全閱

五言古詩

魏

王粲

咏史詩

自古無殉人　達人所共知　秦穆殺三良　惜哉空爾

為結髮事明君　受恩良不訾　臨沒要之死　焉得不

卷之二　五言古詩

09410 風雅遺踪□□卷　（清）永恩輯　稿本

匡高18.2厘米，廣14.2厘米。半葉十行，行十九字，白口，四周雙邊。山東省圖書館藏，存三十三卷。

古賦辯體卷之一

楚辭體

宋景文公曰離騷為詞賦祖後人為之如至方

不能加矩至圓不能過規則賦家可不祖楚騷

乎然騷者詩之變也詩無楚風楚乃有騷何邪

愚按屈原為騷時江漢皆楚地蓋自文王之化

行乎南國漢廣江有汜諸詩已列於二南十五

國風之先其民被先王之澤也深風雅既變而

楚狂鳳兮之歌滄浪孺子清兮濁兮之歌莫不

宋祝堯君澤編

東京張鯤校

09411 古賦辯體十卷 （元）祝堯輯　明嘉靖十一年（1532）熊爵刻本

匡高20.5厘米，廣14.7厘米。半葉九行，行二十字，白口，四周雙邊。浙江
圖書館藏。

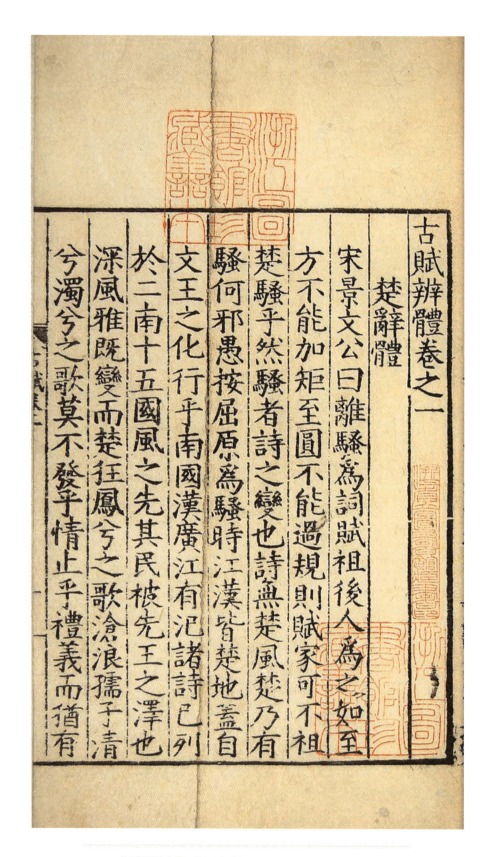

09412 古賦辨體十卷 〔元〕祝堯輯　明嘉靖十六年（1537）顧可久等刻本

匡高17.3厘米，廣13.5厘米。半葉十行，行十八字，白口，四周單邊。王存
善跋。浙江圖書館藏。

古賦辯體卷之一

楚辭體

宋景文公曰離騷為詞賦祖後人為之如
至方不能加矩至圓不能過規則賦家可
不祖楚騷乎然騷者詩之變也詩無楚風
楚乃有騷何邪愚按屈原為騷時江漢皆
楚地蓋自文王之化行乎南國漢廣江有
汜諸詩巳列於二南十五國風之先其民
被先王之澤也深風雅既變而楚狂鳳兮

09413 古賦辯體十卷 （元）祝堯輯　明嘉靖二十一年（1542）蘇祐刻本
匡高19.1厘米，廣13.8厘米。半葉九行，行十七字，白口，左右雙邊。北京
大學圖書館藏。

賦珍卷之一

天地賦

芝山施重光慶徵甫輯撰

晉成公綏

惟自然之初載兮道虛無而玄清太素紛以溷淆兮
始有物而混成何一元之芒昧兮廓開闢而著形爾
乃清濁剖分玄黃判離太極既殊是生兩儀星辰煥
列日月重規天動以尊地靜以卑昏明迭炤戓盈戓
觳陰陽協氣而代謝寒暑随時而推移三才殊性五
行異位千變萬化繁育庶類授之以形禀之以氣色
表文采聲有音律覆載無方流形品物鼓以雷霆潤

賦珍卷之一

[八]

[二]

09414 賦珍八卷 （明）施重光輯 明刻本

匡高23.3厘米，廣15.5厘米。半葉十行，行二十字，白口，四周雙邊。西北大學圖書館藏。

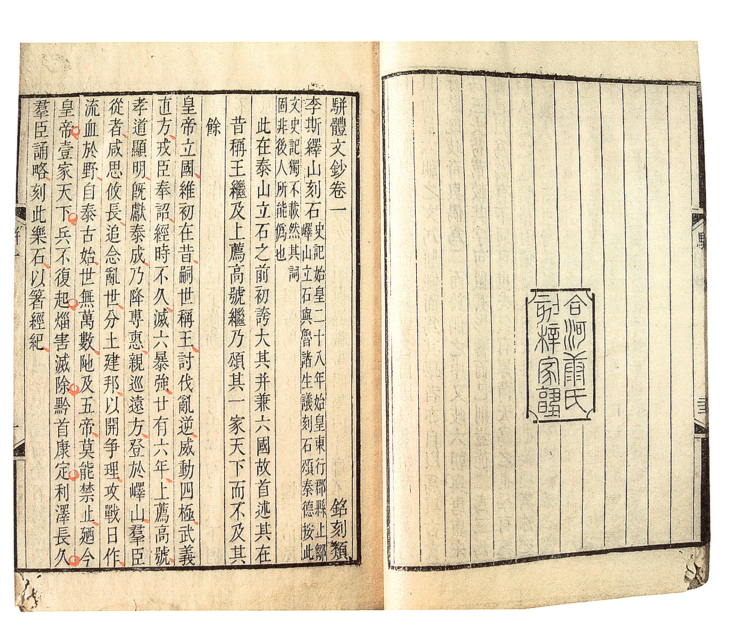

駢體文鈔卷一

銘刻類

李斯繹山刻石 史記始皇二十八年始皇東行郡縣上鄒嶧山立石與魯諸生議刻石頌秦德按此固非後人所能偽也

此在泰山立石之前初誇大其并兼六國故首述其在昔稱王繼及上薦高號繼乃頌其一家天下而不及其餘

皇帝立國維初在昔嗣世稱王討伐亂逆威動四極武義直方戎臣奉詔經時不久滅六暴強廿有六年上薦高號孝道顯明既獻泰成乃降專惠親巡遠方登於嶧山羣臣從者咸思攸長追念亂世分土建邦以開爭理攻戰日作流血於野自泰古始世無萬數阤及五帝莫能禁止廼今皇帝壹家天下兵不復起烖害滅除黔首康定利澤長久羣臣誦略刻此樂石以箸經紀

09415 駢體文鈔三十一卷 （清）李兆洛輯　清合河康氏家塾刻本

匡高18.1厘米，廣13.2厘米。半葉十三行，行二十二字，黑口，左右雙邊。有"合河康氏刻梓家塾"牌記。陳澧批校。中山大學圖書館藏。

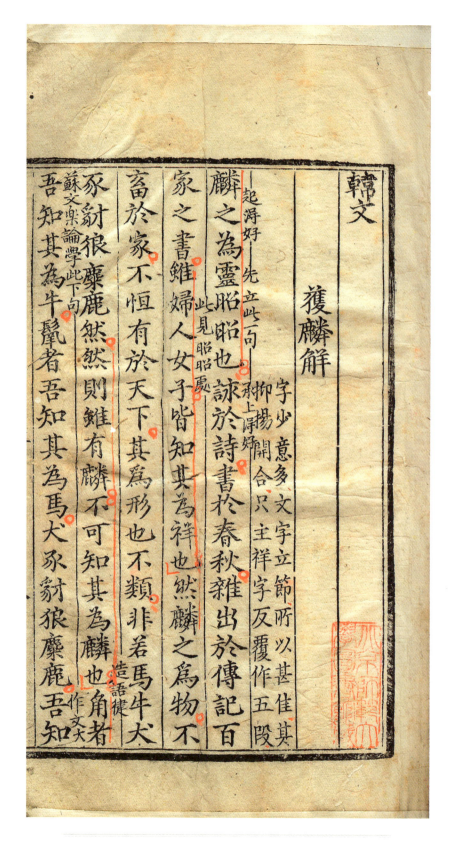

09416 東萊先生古文關鍵二卷 （宋）呂祖謙輯　明嘉靖十一年（1532）

李成刻本

匡高19.7厘米，廣12.3厘米。半葉八行，行二十字，白口，四周雙邊。北京
師範大學圖書館藏。

迂齋先生標註崇古文訣卷之一

先秦文

答燕惠王書　　　　樂毅

可以見燕昭王樂毅君臣相與之際略似蜀
昭烈諸葛武侯書詞明日洞見肺腑

臣不佞不能奉承王命以順左右之心恐傷先王之明

有害足下之義故遁逃走趙今足下使人數之以罪臣
恐待御者不察先王之所以畜幸臣之理又不白臣之

所以事先王之心故敢以書對臣聞賢聖之君不以禄

私親其功多者賞之其能當者處之故察能而授官者

09417、09418 迂齋先生標註崇古文訣三十五卷 （宋）樓昉撰　明
嘉靖十二年（1533）王鴻漸刻本
匡高18.7厘米，廣13.1厘米。半葉十行，行二十一字，白口，左右雙邊。吉
林省圖書館、中山大學圖書館藏。

新刊迂齋先生標註崇古文訣卷

先秦文

答燕惠王書　　樂毅

可以見燕昭王樂毅君臣相與之際略

似蜀昭烈諸葛武侯書詞明白洞見肺

腑

臣不佞不能奉承王命以順左右之心恐傷先王

之明有害足下之義故遁逃走趙今足下使人數

之以罪臣恐侍御者不察先王之所以畜幸臣之

錫山後學吳邾楨邾杰校正

09419 新刊迂齋先生標註崇古文訣三十五卷　（宋）樓昉輯　明刻本

匡高20.6厘米，廣14.3厘米。半葉九行，行十九字，白口，左右雙邊。有"錢
陸燦曾讀過"、"顧凌蒼圖書記"、"日省齋"等印。無錫市圖書館藏。

西山先生真文忠公文章正宗卷第一

辭命一

周襄王不許晉文公請隧 （國語下同○）

籠於惠后，惠后將立之，未及而卒。昭公奔齊。王復之，頹叔桃子奉太叔以狄師伐周，大敗周師。晉侯殺入叔納王，晉侯朝王，王享醴命之宥，請隧，弗許，與之陽樊溫原攢茅之田。（太叔即甘昭公也）

晉文公既定襄王于郟 （韋氏曰郟洛邑王城之地也。王之葬規規畫） 王勞之以地辭

請隧焉 （賈侍中云隧通路旧隧） 弗許

王弗許曰晉我先王

之有天下也規方千里以為甸服而有之 以供上帝山

川百神之祀 （洪王祭也） 以其職貢以備百姓兆民之用以待不庭

09420　西山先生真文忠公文章正宗二十四卷　〔宋〕真德秀輯　明初

刻本

匡高18.8厘米，廣13厘米。半葉十行，行二十一字，小字雙行同，黑口，左右雙邊。遼寧省圖書館藏。

西山先生真文忠公文章正宗卷第一

辭命一

周襄王不許晉文父請隧　國語下同○信公二

寵於惠后惠后將立之未及而卒昭公奔齊王復之頹叔桃子奉大叔以狄師伐周大敗周師獲周公忌父原伯毛伯富辰王出適鄭處於氾大叔以隗氏居于溫王享晉體命之宥請隧弗許

晉文公既定襄王于郟王勞之以地辭請隧焉弗許曰昔我先王之有天下也規方千里以為甸服以供上帝山川百神之祀以備百姓兆民之用以待不庭

晉文公既定襄王于郟王勞之以地辭請隧焉弗許曰昔我先王之有天下也規方千里以為甸服以供上帝山川百神之祀以備百姓兆民之用以待不庭

09421　**西山先生眞文忠公文章正宗二十四卷**　（宋）眞德秀輯　明正

德十五年（1520）馬卿刻本

匡高19.6厘米，廣13厘米。半葉十行，行二十一字，小字雙行同，白口，四周單邊。丁丙跋。南京圖書館藏。

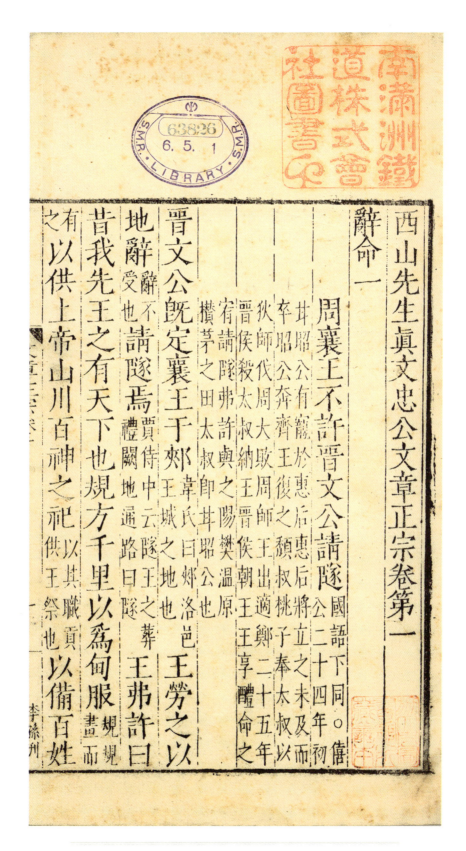

09422-09424 西山先生真文忠公文章正宗二十四卷 〔宋〕真德秀

輯　明嘉靖四十三年（1564）李豸、李磐刻本

匡高21.5厘米，廣15.9厘米。半葉十行，行十九字，小字雙行同，白口，左右雙邊。保定市圖書館、大連圖書館、故宮博物院藏。

西山先生真文忠公文章正宗卷第一

辭命一

周襄王不許晉文公請隧

國語下同〇僖公二
十四年初甘昭公有
寵於惠后惠后將立之未及而卒昭公奔齊王
復之顏叔桃子奉太叔以狄師伐周大敗周師
王出適鄭二十五年晉侯殺太叔納王晉侯朝
王王享醴命之宥請隧弗許典之陽樊溫原橫
茅之田太叔
即甘昭公也

晉文公既定襄王于郟

韋氏日郟洛邑
王城之地也

王勞之以地辭

不請隧焉

賈侍中云隧王之
葬禮闕地通路日隧

王弗許日昔我先王

之有天下也規方千里以爲甸服而有之

規規畫也

以供上帝山

川百神之祀以其職貢供王祭也以備百姓兆民之用以待不庭

之有天下也

＜＜＞＞

唐川李倫書

09425、09426 西山先生眞文忠公文章正宗二十四卷續二十卷

（宋）真德秀輯 明嘉靖四十三年（1564）蔣氏家塾刻本

匡高19.6厘米，廣13.7厘米。半葉行十行，行二十一字，小字雙行同，白口，左右雙邊。吉林省圖書館藏，有“曾在王鹿鳴處”等印；浙江圖書館藏。

—— 202 ——

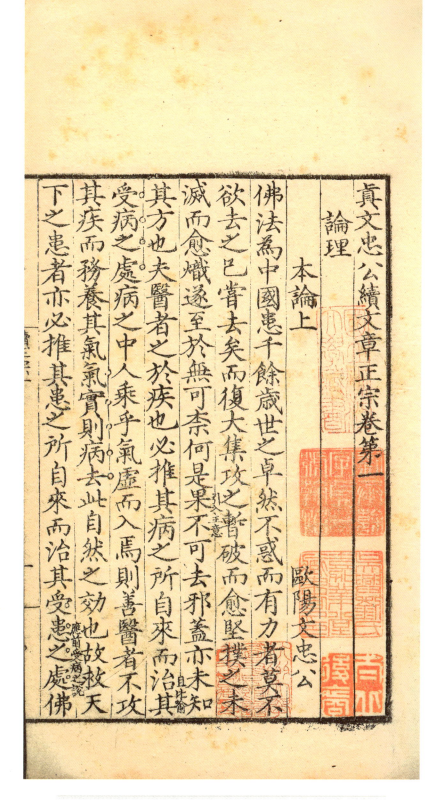

09427 眞文忠公續文章正宗二十卷 〔宋〕眞德秀輯 明嘉靖二十一年

（1542）晉藩刻本

匡高19.4厘米，廣13.2厘米。半葉十行，行二十一字，白口，四周單邊。有
"吳興劉氏嘉業堂藏書印"等印。張廷濟跋。浙江大學圖書館藏。

集錄眞西山文章正宗卷第一

辭命

周襄王不許晉文公請隧　國語下同○僖二十四年初僖公二十

甘昭公有寵於惠后，惠后將立之，未及而卒。昭公奔齊，王復之。頽叔桃子奉太叔以狄師伐周，大敗周師，王出適鄭。二十五年晉侯朝王，王享醴命之宥。請隧，弗許，與之陽樊溫原横茅之田。太叔即甘昭公也。

晉文公既定襄王于郟　城洛邑也　王勞之以地，辭。請隧焉　關地通路曰隧　城之地也　王弗許，曰：昔我先王之有天下也，規方千里以為甸服，以供上帝山

09428　集錄眞西山文章正宗三十卷　（宋）真德秀輯　明嘉靖二十三年（1544）孔天胤刻本

匡高20.8厘米，廣15.7厘米。半葉九行，行十八字，小字雙行同，白口，左右雙邊。故宮博物院藏。

左氏

范宣子為政諸侯之幣重鄭人病之鄭伯如
晉子產寓書於子西以告宣子曰子為
晉國四鄰諸侯不聞令德而聞重幣僑也惑
之僑聞君子長國家者非無賄之患而無令
名之難夫諸侯之賄聚於公室則諸侯貳
也若吾子賴之則晉國貳
國壞晉國貳則子之家壞何沒沒也

09429 妙絕古今不分卷 （宋）湯漢輯　明嘉靖四十二年（1563）衢州

府刻本

匡高20.9厘米，廣14.2厘米。半葉八行，行十七字，白口，左右雙邊。北京師範大學圖書館藏。

左氏

范宣子爲政諸侯之幣重鄭人病之鄭伯如
晉子產寓書於子西以告宣子也 寓寄 曰子爲
晉國四鄰諸侯不聞令德而聞重幣僑也惑
之僑聞君子長國家者非無賄之患而無令
名之難夫諸侯之賄聚於公室則諸侯貳 離貳
也若吾子賴之則晉國貳 賴恃 用之諸侯貳則晉
國壞晉國貳則子之家壞何沒沒也 沒沒沉滅 滅之言

09430 妙絕古今不分卷 （宋）湯漢輯　明蕭氏古翰樓刻本（有抄配）
匡高21厘米，廣14.2厘米。半葉八行，行十七字，白口，左右雙邊。有"藝風堂藏書"、"荃孫"等印。首都圖書館藏。

石渠閣校刻庭訓百家評註文章軌範卷之一

廣信豐山謝枋得批選　　古虞廻淵顧　兌集評

歸安鹿門茅　坤訓註　　綘巖無謀蔣時機訂梓

放膽文

大凡學文初要膽大終要心小由麤入細由俗入

雅由繁入簡由豪蕩入純粹此集皆麤枝大葉之

文本於禮義老於世事合於人情初學熟之開廣

其胸襟發舒其志氣但見文之易不見文之難必

能放言高論筆端不窘束矣

文章軌範　　卷之一

09431　石渠閣校刻庭訓百家評註文章軌範七卷　（宋）謝枋得輯

（明）顧允集評　（明）茅坤訓注　清順治十七年（1660）蔣時機刻本

匡高21.9厘米，廣11.6厘米。上下兩欄，半葉九行，行二十二字，白口，四

周單邊。武漢圖書館藏。

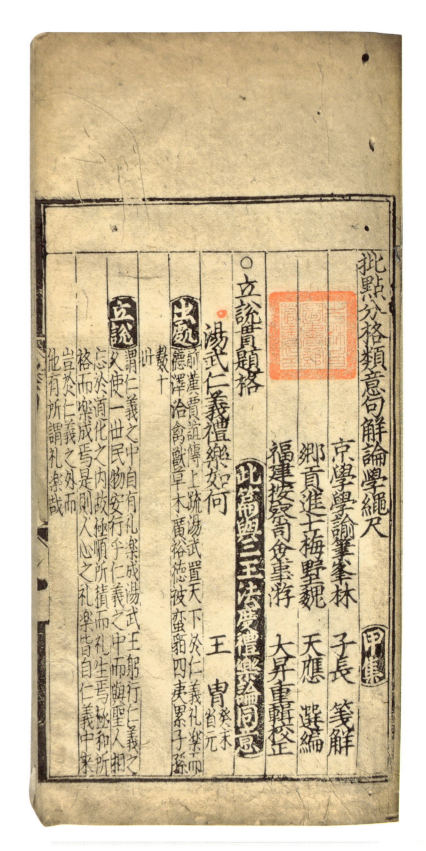

09432 批點分格類意句解論學繩尺十卷諸先輩論行文法一卷

（宋）魏天應輯 （宋）林子長箋解 明成化五年（1469）游明刻本

匡高17.7厘米，廣12.4厘米。上下兩欄，半葉十一行，行二十二字，黑口，四周雙邊。吉林省圖書館藏。

文章辨體卷之一

古歌謠辭

海虞後學吳訥編集

康衢謠

列子堯治天下五十年不知天下治歟不治歟億
兆戴已歟不願戴已歟乃微服遊康衢聞兒童謠云

立我烝民莫匪爾極不識不知順帝之則

擊壤歌

逸士傳堯時有八九十老人擊壤而歌壤以木為
之長三四寸先側一壤于地遙以手中壤擊中者
為上

日出而作日入而息鑿井而飲耕田而食帝力於我何有哉

南風詩

09433 文章辨體五十卷外集五卷總論一卷 （明）吳訥輯　明嘉靖三
十四年（1555）徐洛刻本

匡高22.4厘米，廣16.4厘米。半葉十三行，行二十四字，白口，四周雙邊。

天津圖書館藏。

文翰類選大成卷第一

左長史上海李伯璵編輯
伴讀慈谿馮□厚校正

賦類

周

風賦　宋玉 郢人楚大夫屈原弟子也

楚襄王遊於蘭臺之宮。宋玉景差侍。有風颯然而至。王乃披襟而當之曰。快哉此風。寡人所與庶人共者邪。宋玉對曰。此獨大王之風耳。庶人安得而共之。王曰。夫風者天地之氣。溥暢而至。不擇貴賤高下而加焉。今子獨以為寡人之風。豈有說乎。宋玉對曰。臣聞於師。枳句來巢。空穴來風。其所託者然則風氣殊焉。王曰。夫風始安生哉。宋玉對曰。夫風生於

09434、09435 文翰類選大成一百六十三卷 （明）李伯璵　馮厚輯

明成化八年（1472）淮府刻弘治十四年（1501）嘉靖二十五年（1546）遞修本

匡高23.2厘米，廣15.4厘米。半葉十二行，行二十三字，黑口，四周雙邊。

天津圖書館藏；大連圖書館藏，卷一百六十至一百六十一配明抄本。

古文精粹卷之一　　　　　　前集

遊子吟　　　　　　　　　　孟郊

慈母手中綫遊子身上衣臨行密密縫
難將寸草心報得三春暉
歸意恐遲遲

子夜吳歌　　　　　　　　　李太白

長安一片月萬戶擣衣聲秋風吹不盡總是玉關情

何日平胡虜良人罷遠征　良人謂
　　　　　　　　　　　夫也

友人會宿　　　　　　　　　太白
良朋邂逅飲酒消愁
月下高談不能寐寐

09436、09437　古文精粹十卷　　明成化十一年（1475）刻本

匡高21.9厘米，廣14.9厘米。半葉珍行，行二十字，黑口，四周雙邊。首都
圖書館、浙江圖書館藏。

古文集卷之二

提學副使信陽何景明選
撫民副使安陽張士隆校
嘉興知府晉安鄭鋼刊

伯夷傳

夫學者載籍極博猶考信於六藝詩書雖缺然虞夏
之文可知也堯將遜位讓於虞舜舜禹之間岳牧咸
薦乃試之於位典職數十年功用既興然後授政示
天下重器王者大統傳天下若斯之難也而說者曰
堯讓天下於許由許由不受恥之逃隱及夏之時有

09438、09439 古文集四卷 （明）何景明輯 明嘉靖十五年（1536）鄭
鋼刻本
匡高20.3厘米，廣13.5厘米。半葉十行，行二十字，白口，四周單邊。北京
師範大學圖書館、天津圖書館藏。

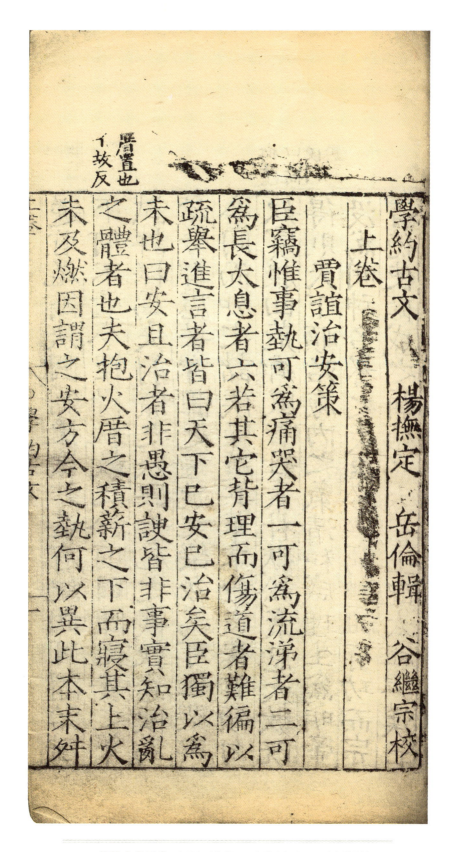

09440 學約古文三卷 （明）岳倫輯　明嘉靖十年（1531）楊撫刻本

匡高19.7厘米，廣14.1厘米。半葉九行，行十八字，白口，四周單邊。北京師範大學圖書館藏。

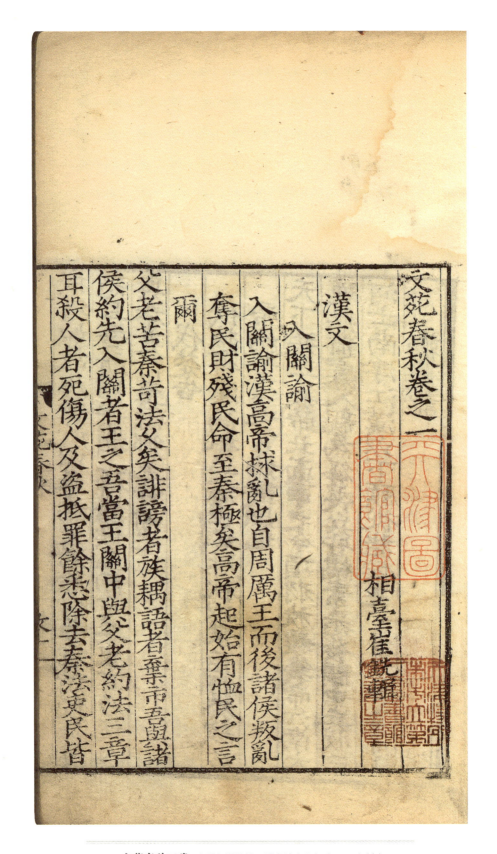

09441 文苑春秋四卷 （明）崔銑輯 明嘉靖十七年（1538）刻本

匡高16.2厘米，廣13.1厘米。半葉十行，行二十字，白口，左右雙邊。天津圖書館藏。

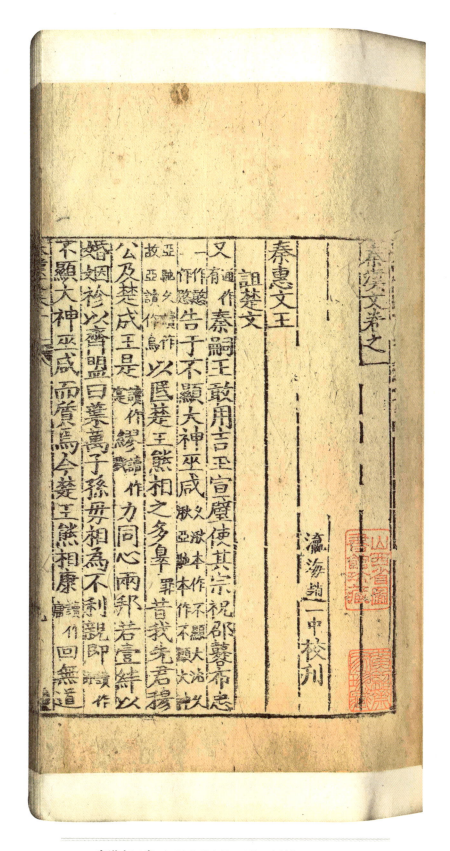

09442 秦漢文四卷 （明）胡纘宗輯　明趙一中刻本

匡高17.8厘米，廣13.5厘米。半葉十一行，行二十字，白口，左右雙邊。山西省圖書館藏。

大沉久湫河
神也秦共楚
詛于河神後
楚倍詛盟復
告于神勒石
以聲楚罪

秦漢文卷之一

文八首　對一首
書四首　詔三十七首
言二首　論五首
策一首　疏一首

秦惠文王
詛楚文

又有（過作）秦嗣王敢用吉玉宣璧使其宗祝邵
蕐布忠（悠作）告于不顯大神巫咸以求（成作）不顯
本作（大神巫咸）大沉久湫亞駞
父讀作故巫咸
昚我先君穆公及楚成王是勠力同心

09443　秦漢文四卷　（明）胡纘宗輯　明嘉靖十一年（1532）張舜元刻本
匡高18.2厘米，廣14.2厘米。半葉十一行，行二十字，白口，左右雙邊。安徽省圖書館藏。

新刊批點古文類抄卷一

　　　　　　溫陵次崔林希元編次批點
　　　　　南海後學陳　堂校刻
　　　南海後學陳俊同校

書類

荅燕惠王書　　　　　　樂毅

古人告君自伊訓說命及孔孟下至戰國之
蘇張皆是對面立談無以書者寓書論事首
見杉鄭子產晉叔向盖由越國然猶與其臣

09444 新刊批點古文類抄十二卷　（明）林希元輯　明嘉靖三十年（1551）

陳堂刻本

匡高19.8厘米，廣13.8厘米。半葉九行，行二十字，白口，左右雙邊。首都
師範大學圖書館藏。

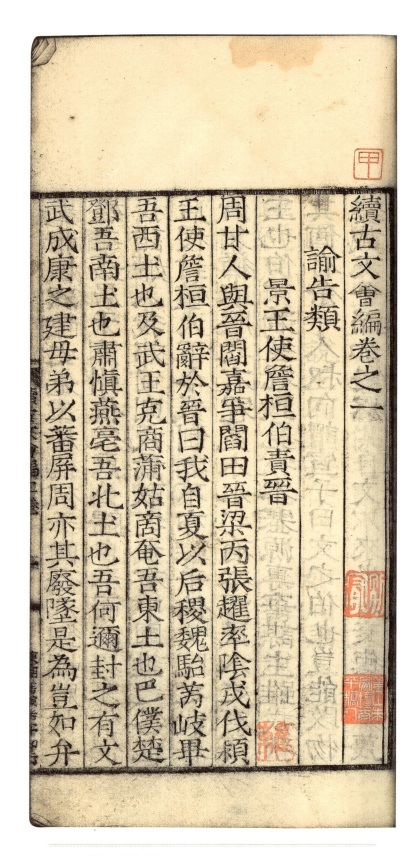

09445 續古文會編五卷 （明）錢璠輯　明東湖書院活字印本

匡高19.5厘米，廣12.5厘米。半葉八行，行二十字，白口，左右雙邊。寧波
市天一閣博物館藏。

古文類選卷之一

道德類

儒效篇　　荀卿

天下篇　　莊周

原道　　韓文公

送文暢浮屠序　韓文公

與孟簡尚書書　韓文公

重答張籍書　韓文公

本論上　歐陽公

本論下　歐陽公

十六篇

09446 古文類選十六卷 （明）王三省輯　明嘉靖十五年（1536）相州
清慎堂刻本
匡高19.9厘米，廣14.8厘米。半葉十行，行二十字，白口，四周單邊。浙江
大學圖書館藏。

文編卷之二　制策

荆川武進唐順之應德甫　選批

門人丹陽姜　寶　廷善編次

知福州府塾江胡　帛子行　校刋

暗對

董仲舒對賢良策一

陛下發德音下明詔求天命與情性皆非愚臣之所
能及也臣謹案春秋之中視前世已行之事以觀天
人相與之際甚可畏也國家將有失道之敗而天廼
先出災害以譴告之不知自省又出怪異以警懼之
尚不知變而傷敗廼至以此見天心之仁愛人君而

文編卷之二

制策

黃沔刋

09447 文編六十四卷　（明）唐順之輯　明嘉靖胡帛刻本

匡高19.8厘米，廣14.6厘米。半葉九行，行二十字，白口，四周單邊。遼寧
省圖書館藏。

唐會元精選批點唐宋名賢策論文粹卷一

書林桐源胡氏刊

易論

聖人之道得禮而信得易而尊信之而不可廢尊之

而不敢廢故聖人之道所以不廢者禮為之明而易
承上

為之幽也生民之初無貴賤無尊卑無長幼不耕而

不饑不蠶而不寒故其民逸民之苦勞而樂逸也若

水之走下而聖人者獨為之君臣而使天下貴後賤

為之父子而使天下尊役甲為之兄弟而使天下長

役幼蠶而後衣耕而後食率天下而勞之一聖人之

09448、09449　唐會元精選批點唐宋名賢策論文粹八卷　題〔明〕

唐順之輯並批點　明書林桐源胡氏刻本

匡高19.5厘米，廣13.2厘米。半葉十行，行二十字，白口，左右雙邊。有
"嘉靖己酉孟秋吉旦"、"三衢前坊胡氏梓於毘陵"牌記。天津圖書館藏；
中山大學圖書館藏，存七卷。

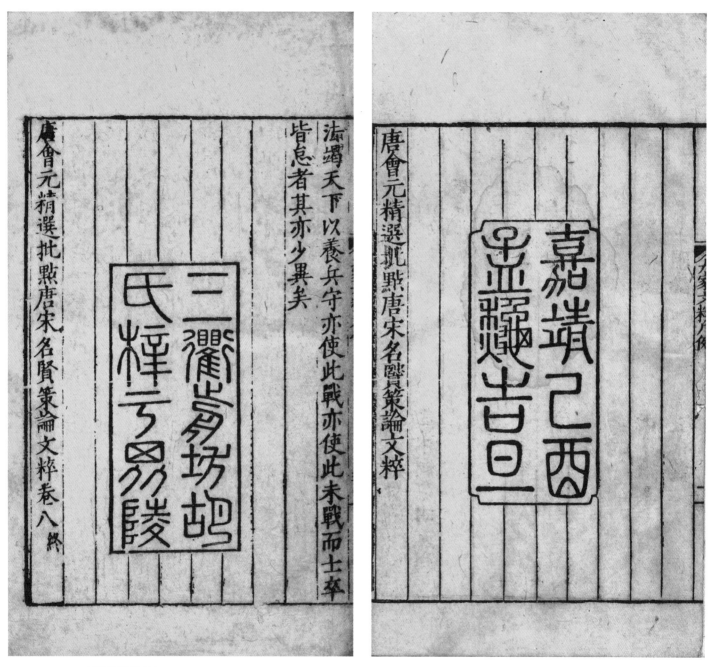

（釋文同前頁）

左傳文類　　慈谿趙文華

臧哀伯諫納郜鼎

宋華督弒其君殤公召莊公于鄭而立之以郜
大鼎賂公。夏四月取郜大鼎于宋戊申納于大
廟非禮也。臧哀伯諫曰君人者將昭德塞違以
臨照百官猶懼或失之。故昭令德以示子孫是
以清廟茅屋大路越席。大羹不致粢食不鑿昭
其儉也衮冕黻珽帶裳幅舄衡紞紘綖昭其度

09450　三史文類五卷　（明）趙文華輯　明嘉靖十六年（1537）刻本

匡高20厘米，廣12.8厘米。半葉九行，行十八字，白口，四周雙邊。天津圖書館藏。

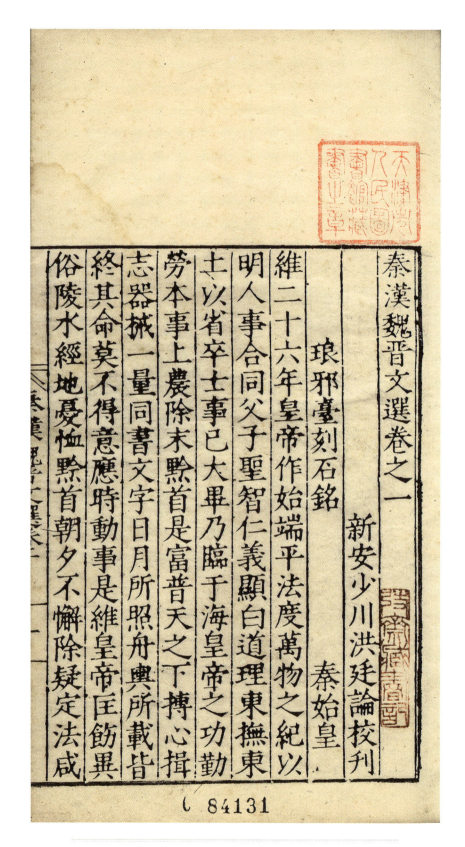

09451 秦漢魏晉文選十卷 （明）余震啓　鄭玄撫輯　明嘉靖二十四年

（1545）洪廷論刻本

匡高17.8厘米，廣12.8厘米。半葉十行，行十八字，白口，左右雙邊。天津
圖書館藏。

新刻古文選正卷之一

左傳

石碏諫寵州吁

衞莊公娶于齊東宮得臣之妹曰莊姜美而無子衞人所爲賦碩人也又娶于陳曰厲嬀生孝伯早死其娣戴嬀生桓公莊姜以爲己子（雖爲莊姜）公子州吁嬖人之子也有寵而好兵公弗禁莊姜惡之石碏諫曰臣聞愛子教之以義方（石碏衞大夫）弗納於邪驕奢淫泆所自邪也四

09452 新刻古文選正八卷 （明）楊美益 孫銓輯 明嘉靖三十五年（1556）李懿刻本

匡高21.8厘米，廣15.2厘米。半葉九行，行十八字，白口，四周單邊。東北師範大學圖書館藏。

文則卷之一

前進士巡按直隸監察御史冀南張雲路編

序

易傳序

易變易也隨時變易以從道也其爲書也廣大悉備將以

順性命之理通幽明之故盡事物之情而示開物成務之

道也聖人之憂患後世可謂至矣去古雖遠遺經尚存然

而前儒失意以傳言後學誦言而忘味自秦而下盖無傳

矣子生千載之後悼斯文之湮晦将俾後人沿流而求源

09453、09454 **文則四卷** （明）張雲路輯 明嘉靖三十四年（1555）自
刻本

匡高20.2厘米，廣14.5厘米。半葉九行，行二十二字，白口，四周雙邊。首
都師範大學圖書館、浙江大學圖書館藏。

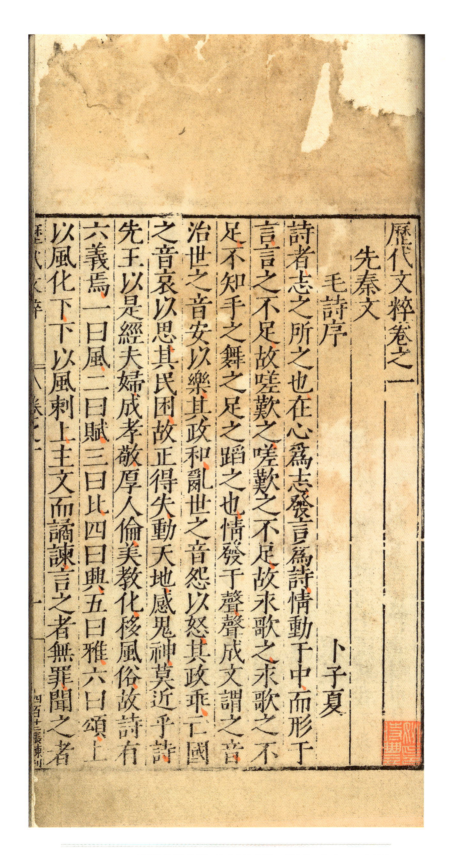

09455、09456 歷代文粹八卷 （明）陳省輯　明隆慶四年（1570）刻本

匡高20.8厘米，廣14.8厘米。半葉十一行，行二十二字，白口，左右雙邊。
山西師範大學圖書館、吉林大學圖書館藏。

09457 秦漢文鈔六卷　（明）閔邁德等輯　（明）楊融博批點　明萬曆四
十八年（1620）刻朱墨套印本
匡高20.3厘米，廣14厘米。半葉九行，行十九字，白口，四周單邊。有"經
訓堂"等印。山東大學圖書館藏。

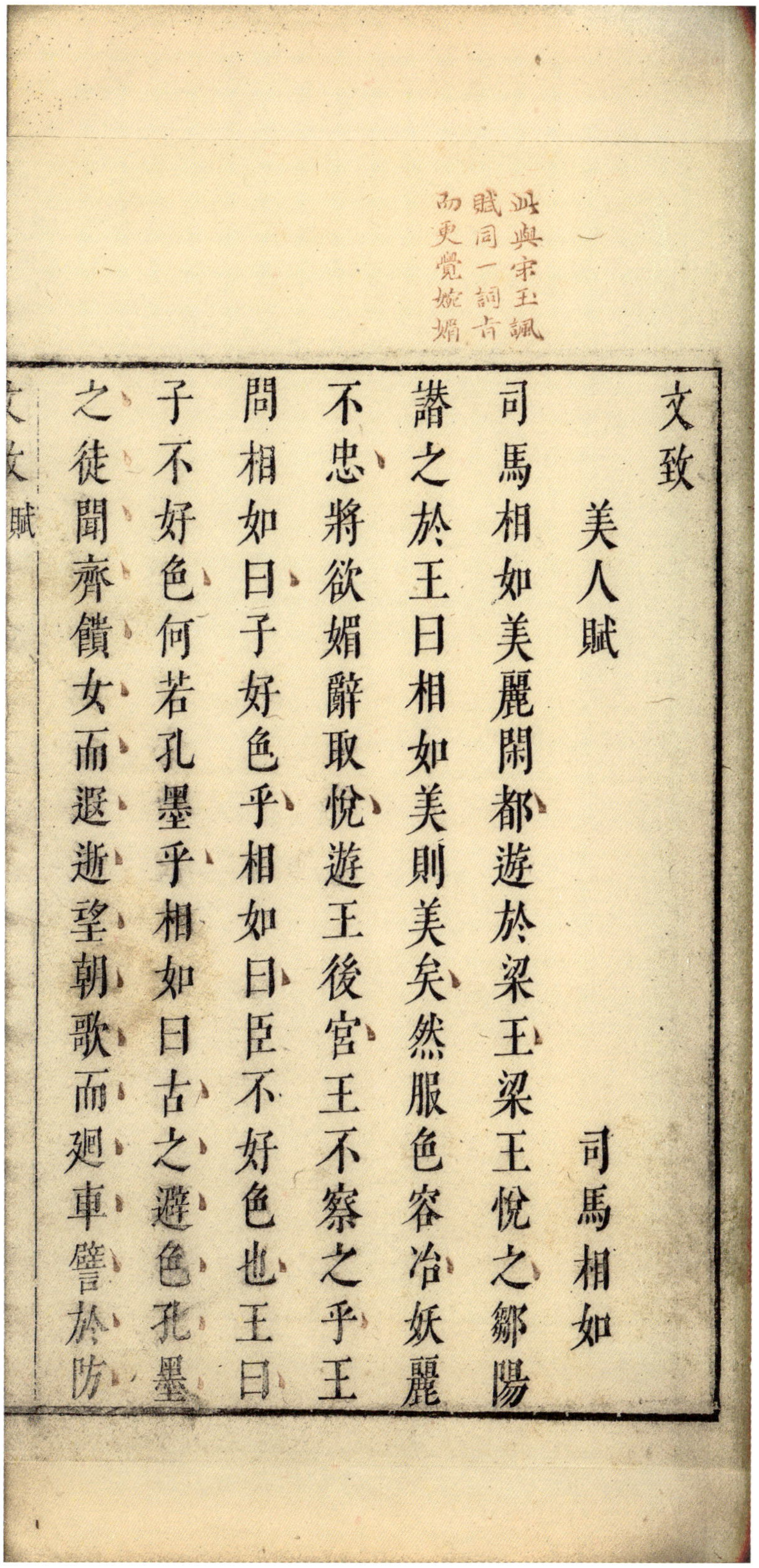
此與宋玉諷賦同一詞旨而更覺婉媚

文致

美人賦　　司馬相如

司馬相如美麗閑都遊於梁王梁王悅之鄒陽譖之於王曰相如美則美矣然服色容冶妖麗不忠將欲媚辭取悅遊王後宮王不察之乎王問相如曰子好色乎相如曰臣不好色也王曰子不好色何若孔墨乎相如曰古之避色孔墨之徒聞齊饋女而遐逝望朝歌而迴車譬於防

文致　賦

09458　文致不分卷　（明）劉士鏻輯　（明）閔無頗　閔昭明集評　明天啓元年（1621）閔元衢刻朱墨套印本

匡高20.6厘米，廣14.6厘米。半葉八行，行十八字，白口，四周單邊。廣東省立中山圖書館藏。

晋魏六朝文選

蘭亭記

永和九年歲在癸丑暮春之初會於會稽山陰之蘭亭脩禊
事也群賢畢至少長咸集此地有崇山峻嶺茂林脩竹又有
清流激湍映帶左右引以為流觴曲水列坐其次雖無絲竹
管絃之盛一觴一詠亦足以暢叙幽情是日也天朗氣清惠
風和暢仰觀宇宙之大俯察品類之盛所以遊目騁懷足以
極視聽之娛信可樂也夫人之相與俯仰一世或取諸懷抱
悟言一室之內或因寄所託放浪形骸之外雖取舍萬殊靜
躁不同當其欣於所遇暫得於已快然自足曾不知老之將

王羲之

09459 魏晉六朝唐宋文選三卷皇明文一卷　明紫薇軒抄本

匡高22厘米，廣14厘米。半葉十行，行二十三字，藍格，白口，四周雙邊。
有"秀水王相"等印。山東大學圖書館藏。

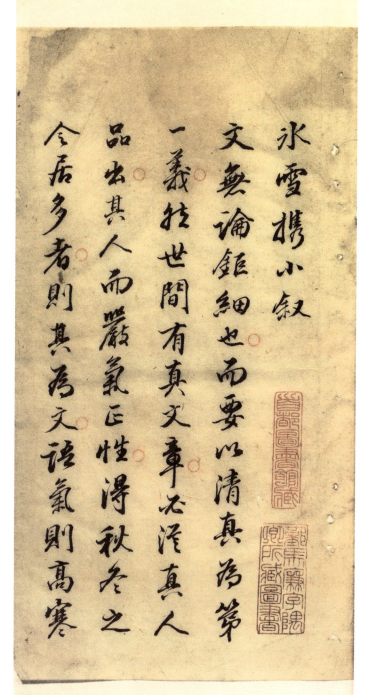

冰雪携小叙

文無論鉅細也而要以清真為第

一義拉世間有真文章不浮真人

品出其人而嚴氣正性得秋冬之

令居多者則其為文語氣則高寒

冰雪携三選
○○廣快書序

懶傲閒輯

何偉然

上古書籍盛散無過於春秋西漢蕭果隋文開元太和慶曆淳熙之

時雖景運天開本惟能文之士相與珍惜而護持焉當今世隆昇平

文明日麗高文典冊起軼千古不特石渠天祿芸氣醞蘊即桃秋山

藏繡破草澤者各極一家之致可謂躬逢盛際之會矣乃恣情流覽

轉多珍護之私者何竊以鴻懿之才華必展於洞明之鑒賞能文者

且毀今而貴古或微顯而署監信偽迷真深廣設售視夜光為怪石

致崑崖以抵門初作燕鳩之資終為覆瓿之用巨巫羼帙繪得與敝

鞶敗鐵同價於衝攤小冊赫鵃今見飄忽於深溝馬渤中亥書運之

09460 冰雪携三選不分卷 （清）衛泳輯 稿本

半葉十行，行二十六字。有"鄞馬廉珍字隅卿所藏圖書"等印。首都圖書館藏。

古文淵鑒卷第一

御選

內閣學士兼禮部侍郎敎習庶吉士臣徐乾學等奉

旨編注

周 姬姓黃帝苗裔后稷之後武王伐紂而有天下至幽王爲犬戎所弒謂之西周平王東遷洛邑 謂之東周即春秋之始也

左傳 丘明著丘明魯史也孔子將修春秋與左丘明觀書於周史歸而修春秋之經七十子之徒口受其傳丘明懼弟子之各安其意失其眞故論其語成左氏春秋或先經以始事或後經以終事或依經以辯理或錯經以合異隨義而發是爲春秋內傳

臣鴻緒曰吐辭作金石聲典瞻莊雅鏗然

臣英曰納民軌物一句爲一篇之主文全從此立論氣格端重色澤濃縟

一篇之申論斷多於序事是史家又一格歐陽五代諸傳每得此法

水心葉適曰周任去惡之論蓋

登於俎皮革齒牙骨角毛羽不登於器則公不射古之制也若夫山林川澤之實器用之資皂隸之事官司之守非君所及也公曰吾將略地焉 略總攝巡行之名 遂往陳魚而觀之僖伯稱疾不從書曰公矢魚于棠 棠 矢亦 陳非禮也且言遠地也

也 鄭伯侵陳 隱公六年

五月庚申鄭伯侵陳大獲 往歲鄭伯請成於陳陳侯不許五父諫曰 五父陳公子佗 親仁善鄰國之寶也君其許 鄭 陳侯曰宋衛 宋衛 實難 難可畏 鄭何能爲遂不

09461 古文淵鑒六十四卷 〔清〕徐乾學等輯並注 清康熙內府刻四色套印本

匡高19.4厘米，廣14.5厘米。半葉九行，行二十字，小字雙行同，黑口，四周單邊。長春圖書館藏。

古文淵鑒卷第一

御選

內閣學士兼禮部侍郎敎習庶吉士臣徐乾學等奉

旨編注

周 姬姓黃帝苗裔后稷之後武王伐紂而有天下至幽王爲犬戎所弑謂之 西周 平王東遷 洛邑 謂之 東周 即

春秋之始也

左傳 左丘明著 晉 史也孔子將修春秋與左丘明乘如 周 觀書於 周 史歸而修春秋之經七十子之徒口受其傳丘明懼弟子之各安其意失其眞故論本事成左氏春秋或依經以辯理經以始事或經以終事或先或錯經以合異臨義而發是爲春秋內傳

09462 古文淵鑒六十四卷 〔清〕徐乾學等輯並注 清康熙內府刻五色套印本

匡高19.6厘米，廣14.1厘米。半葉九行，行二十字，小字雙行同，黑口，四周單邊。遼寧省圖書館藏。

—— 233 ——

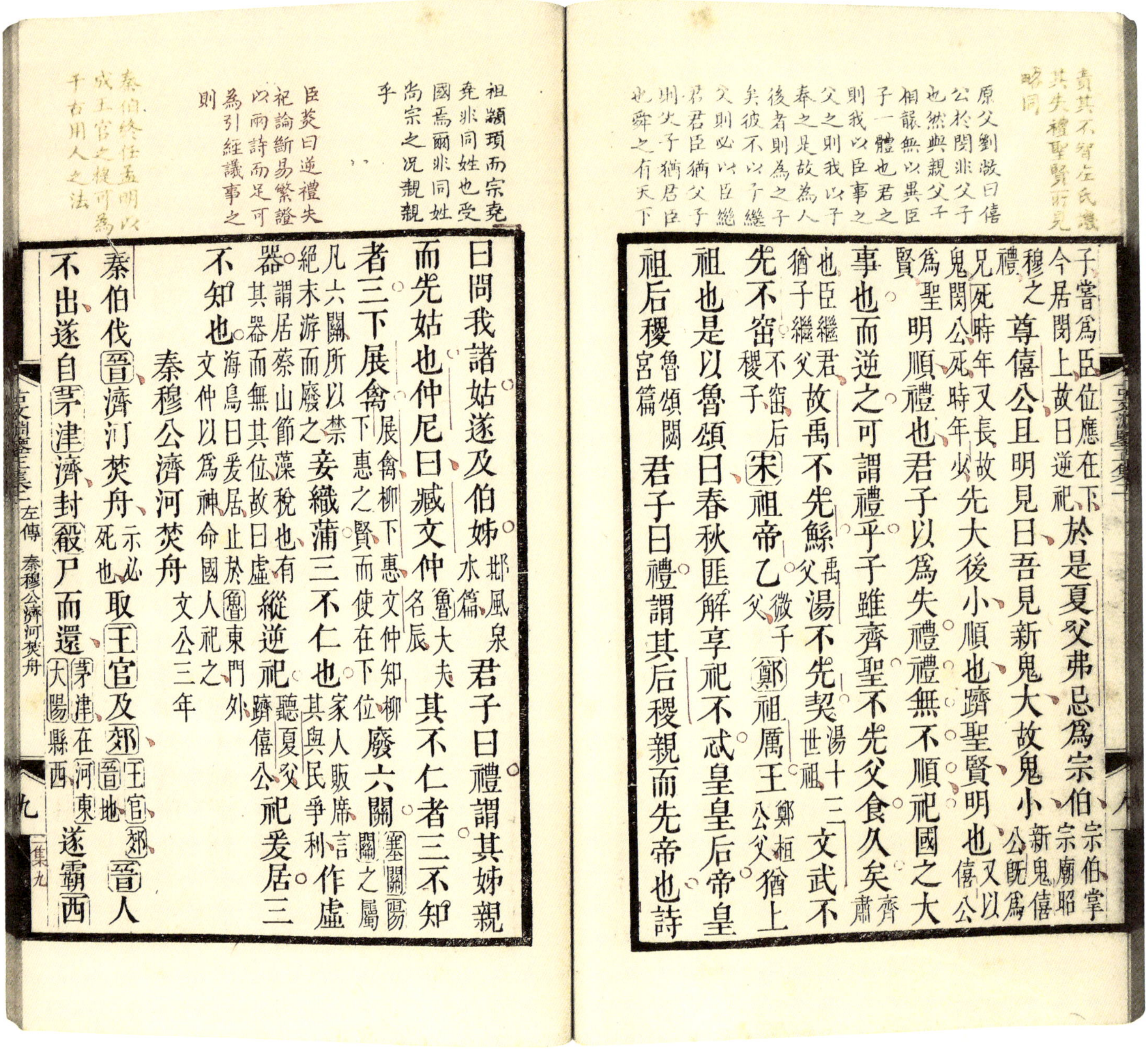

祖顓頊而宗堯
堯非同姓也受
國焉爾非同姓
尚宗之況親親
乎

則爲引經議事之
以兩詩而足可
祀論斷易繁證
臣茇曰逆禮失
器其居而無其位

責其不智左氏傳
其失禮聖賢所見
略同

原父劉歆曰僖
公於閔非父子
也然典親父子
兄死時年又長故先大後小順也
後者則爲人鬼閔公死時年必死時年小順也
父彼不以子繼
父則彼以臣
君臣猶君臣
父子猶父子
也舜之有天下

子嘗爲臣位應在下於是夏父弗忌爲宗伯宗伯掌
今居閔上故曰逆祀
穆之尊僖公且明見曰吾見新鬼大故鬼小
禮後之則爲
賢爲聖明順禮禮無不順祀國之大
事也而逆之可謂禮乎子雖齊聖不先父食久矣
猶子繼父故禹不先鯀湯不先契文武不先
先不窋稷子
祖也是以魯頌曰春秋匪解享祀不忒皇皇后帝皇
祖后稷宮魯頌閟宮篇
君子曰禮謂其后稷親而先帝也詩

日問我諸姑遂及伯姊
而先姑也仲尼曰臧文仲
者三下展禽
不知也
秦伯伐[晉]濟河焚舟
不出遂自茅津濟封殽尸而還
秦穆公濟河焚舟

（釋文同前页）

234

御選唐宋文醇卷之一

昌黎韓愈文一

原毀

古之君子其責已也重以周其待人也輕以約重以周故不怠輕以約故人樂為善聞古之人有舜者其為人也仁義人也求其所以為舜者責於已曰彼人也予人也彼能是而我乃不能是而我乃不能是早夜以思去其不如舜者就其如舜者聞古之人有周公者其為人也多才與藝人也求其所以為周公者責於已曰彼人也予人也彼能是而我乃不能

御選唐宋文醇卷一

韓愈 雜著

二

09463、09464 御選唐宋文醇五十八卷 （清）高宗弘曆輯　清乾隆三年（1738）內府刻四色套印本

匡高19.5厘米，廣14.3厘米。半葉九行，行二十二字，白口，四周單邊。青海民族大學圖書館藏，有"乾隆宸翰"、"研理樓劉氏藏"等印；遼寧省圖書館藏。

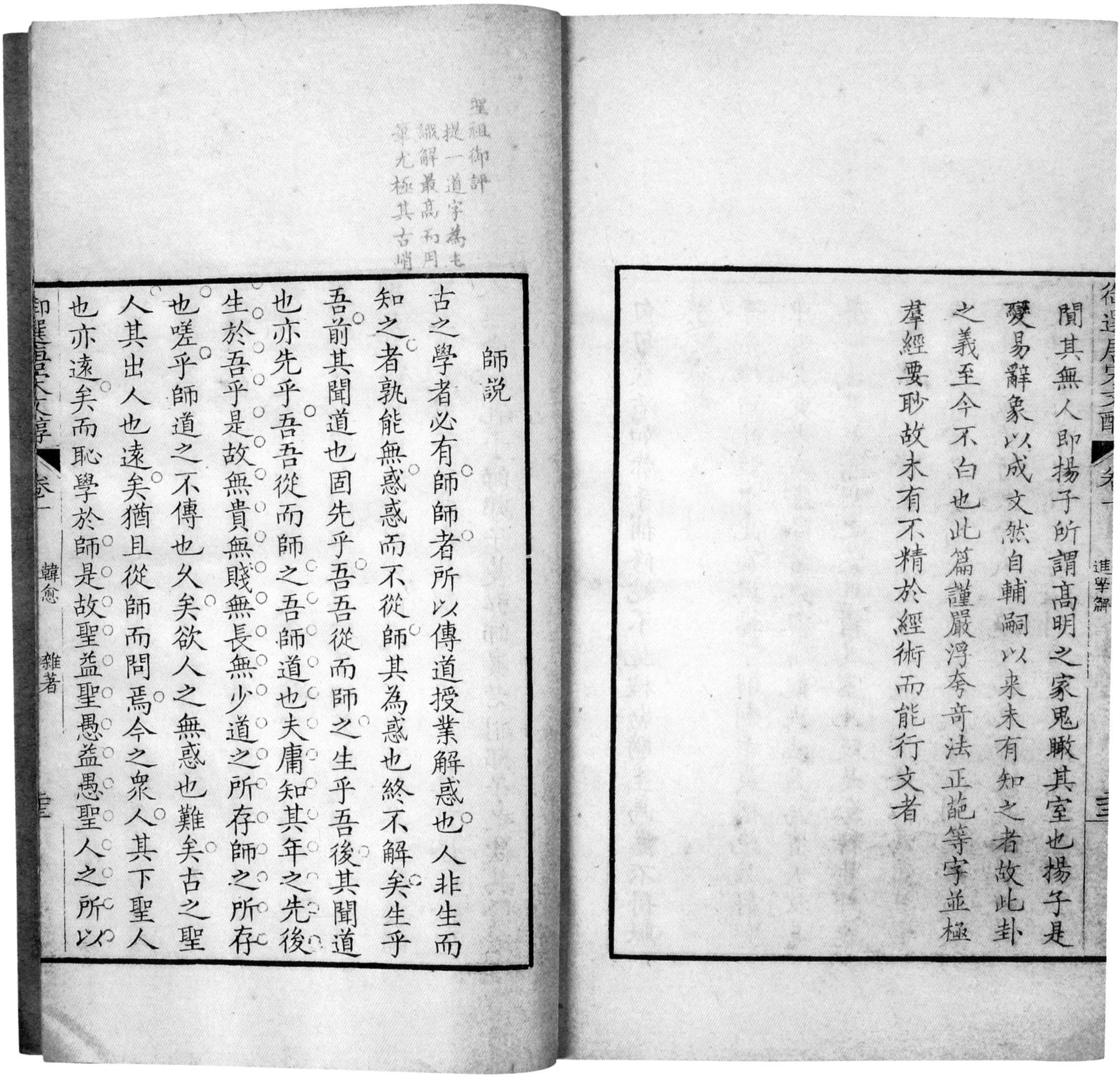

御選唐宋文醇 卷一 進學解 三

聞其無人即揚子所謂高明之家鬼瞰其室也揚子是
夔易辭象以成文然自輔嗣以來未有知之者故此卦
之義至今不白也此篇謹嚴渾夸商法正範等字並極
摹經要耻故未有不精於經術而能行文者

聖祖御評
提一道字為主
識解最高和用
寧尤極其古峭

御選唐宋文醇 卷一　韓愈　雜著　五

師説

古之學者必有師師者所以傳道授業解惑也人非生而
知之者孰能無惑惑而不從師其為惑也終不解矣生乎
吾前其聞道也固先乎吾吾從而師之生乎吾後其聞道
也亦先乎吾吾從而師之吾師道也夫庸知其年之先後
生於吾乎是故無貴無賤無長無少道之所存師之所存
也嗟乎師道之不傳也久矣欲人之無惑也難矣古之聖
人其出人也遠矣猶且從師而問焉今之眾人其下聖人
也亦遠矣而恥學於師是故聖益聖愚益愚聖人之所以

（釋文同前頁）

嘗讀采薇之篇曰昔我往矣揚柳依依今我
來思雨雪霏霏然則斷腸之言惟託優柔說
使之勸矣必重累哉秦中友山王公去彼長
篇采茲句絕將非重其八精溯易於觀感者邪
夫撿晉之細申周召之廣魯誇之頌楊商簡
之邈故兼錄宋之僅有著唐之見取也公嗣
子潼谷君誠甫來守鄞病郡之亡詩也載捀
載教而銕達其末義云爾嘉靖乙未冬十月
廣戌鄭火石崔銕序

絕句博選卷之一

許敬宗 字延族 杭州人

奉和聖製餞來濟應詔

萬乘騰鑣警岐路百壺供帳餞離宮御溝分水

聲難絕廣宴留歌曲易終

盧照隣 字昇之 范陽人

登封大酺歌

日觀僾雲隨鳳輦天門瑞雪照龍衣繁絃綺席

方終夜妙舞清歌歡未闋

09465 絕句博選五卷 （明）王朝雍輯　明嘉靖十五年（1536）王潼轂刻本

匡高20.1厘米，廣13.9厘米。半葉九行，行十八字，白口，四周雙邊。有
"曉鈴藏書"等印。首都圖書館藏。

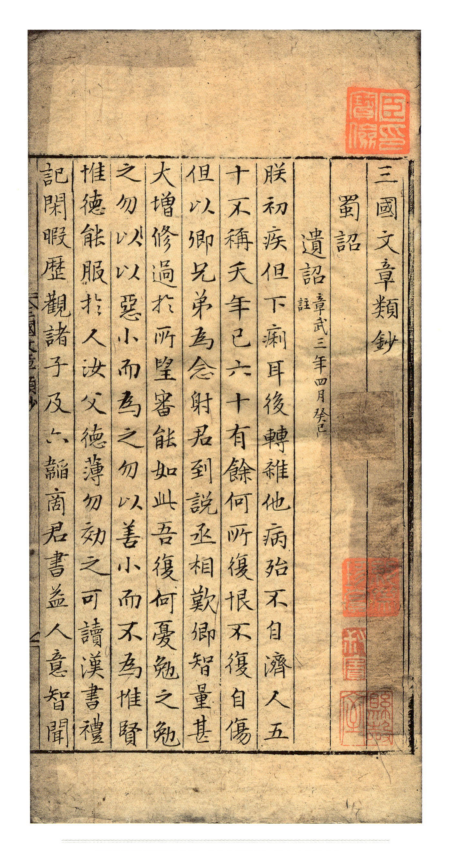

記閒暇歷觀諸子及六韜商君益人意智聞

惟德能服扵人汝父德薄勿劾之可讀漢書禮

之勿以惡小而為之勿以善小而不為惟賢

大增修過扵所望審能如此吾復何憂勉之勉

但以卿兄弟為念射君到說丞相歎卿智量甚

十不稱天年已六十有餘何所復恨不復自傷

朕初疾但下痢耳後轉雜他病殆不自濟人五

遺詔 註章武三年四月癸巳

蜀詔

三國文章類鈔

09466 三國文章類鈔不分卷 （明）錢穀輯 稿本（有缺葉）

匡高18.5厘米，廣12.3厘米。半葉十行，行十八字，白口，左右雙邊。江蘇省常熟市圖書館藏。

唐文粹卷第一

古賦總三首

聖德

含元殿賦 李華

明堂賦 李白

失道

阿房宮賦 杜牧

吳興姚 鉉 纂

含元殿賦 弁序 李華

宮殿之賦論者以靈光為宗然諸侯之遺事蓋務恢張
飛動而巳自茲以降代有辭傑播於聲頌則無聞焉夫
先王建都營室必相地形詢卜筮考農隙工以子來虞
人獻山林之幹太史占日月之吉雖班張左思角立前
代未能備也而暴之文士賦長笛洞簫懷握之細則廣
言山川之阻採伐之勤至于都邑宮室宏模廓度則略
而不云其體病矣至若陰陽慘舒之變宜於壯麗棟宇
繩墨之間鄰於政教豈前脩不逮將俟聖德而啓臣心

文粹卷一

09467 唐文粹一百卷 （宋）姚鉉輯　明嘉靖八年（1529）晉府養德書院
刻本

匡高21.1厘米，廣14.8厘米。半葉十三行，行二十一字，白口，四周單邊。
廣東省立中山圖書館藏。

才調集卷第一

蜀監察御史韋　縠　集

古律雜歌詩一百首

鈍吟云家兄看詩多言起承轉合此教初學
之法如此書正要脫盡此板法方見才調

白居易一十九首

鈍吟云此卷以白公為首惟選長律及諷刺不選小律及
閑適詩蓋以白公為大詩之式也閑適詩與此書體不合
小律却博取諸家○長律倡和盛于元白其妍媸正是一
例此選白不選元非不選也舉白以例元也元却選鹽體

代書一百韻寄微之

09468　**才調集十卷**　（蜀）韋縠輯　清康熙四十三年（1704）垂雲堂刻本

匡高17.7厘米，廣13.1厘米。半葉八行，行十九字，白口，左右雙邊。趙執
信批校並跋。山東省博物館藏。

萬首唐人絕句卷第一

七言二百首

贈李白　杜甫

秋來相顧尚飄蓬，未就丹砂愧葛洪。痛飲狂歌空度日，飛揚跋扈為誰雄。

三絕句

楸樹馨香倚釣磯，斬新花蘂未應飛。不如醉裏風吹盡，可忍醒時雨打稀。

門外鸕鶿去不來，沙頭忽見眼相猜。自今已後知人意，一日須來一百回。

09469　萬首唐人絕句一百一卷　（宋）洪邁輯　明嘉靖十九年（1540）

陳敬學德星堂刻本

匡高19.8厘米，廣14.8厘米。半葉十行，行二十字，白口，左右雙邊。四川大學圖書館藏。

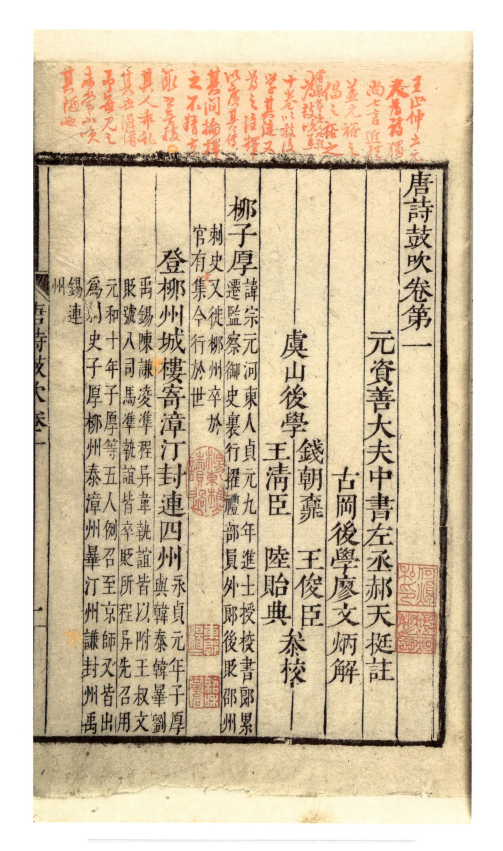

09470 唐詩鼓吹十卷 （金）元好問輯 （元）郝天挺注 （明）廖文炳

解 清順治十六年（1659）陸貽典、錢朝鼐等刻本

匡高18.8厘米，廣14.1厘米。半葉十一行，行二十一字，小字雙行同，黑口，左右雙邊。何焯批校。何煌箋注並跋。有"何焯私印"、"曾藏汪閬源家"、"楊氏海源閣藏"等印。國家圖書館藏。

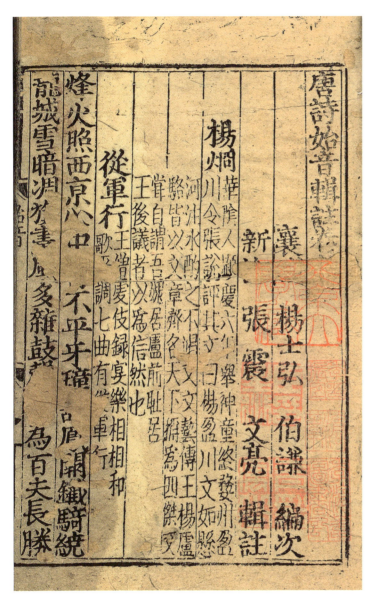

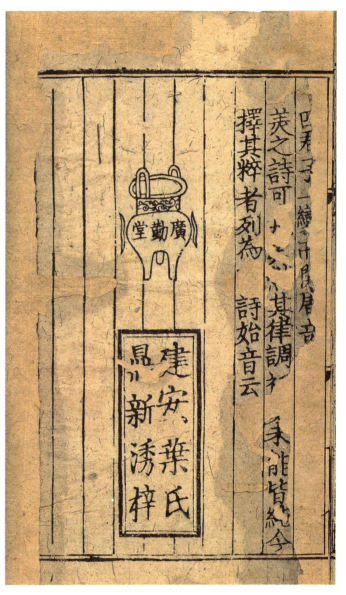

09471 唐音輯註十四卷 （元）楊士弘輯 （明）張震注 明葉氏廣勤堂刻本

匡高18厘米，廣11.8厘米。半葉十行，行十八字，小字雙行同，黑口，四周雙邊。有"廣勤堂"和"建安葉氏鼎新绣梓"牌記。有"季滄葦圖書記"、"季印振宜"、"臣印星衍"等印，北京大學圖書館藏。

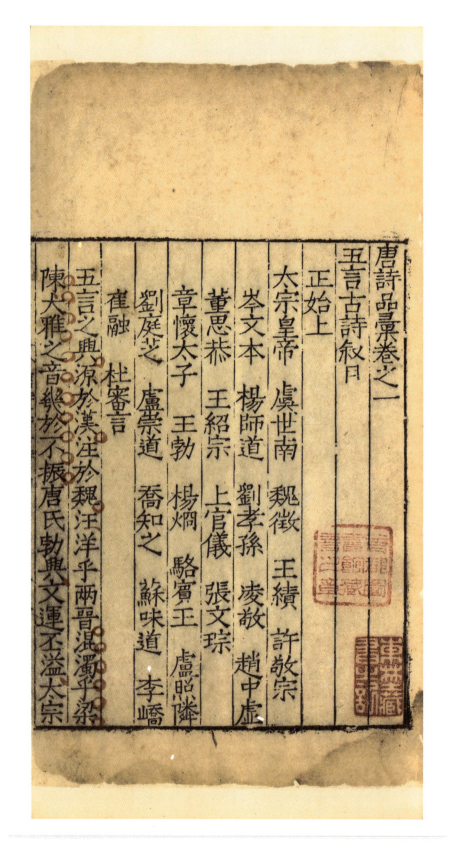

09472-09476 唐詩品彙九十卷拾遺十卷詩人爵里詳節一卷 （明）高棅輯　明嘉靖十六年
（1537）姚芹泉刻本
匡高17.3厘米，廣13.8厘米。半葉十一行，行二十字，小字雙行同，白口，四周單邊。首都圖書館、
四川大學圖書館藏；雲南省圖書館藏，有"滇南建水修竹山館主人梁之相藏書"等印；河南省圖書館
藏，有補配；山西省圖書館藏，卷七十一至七十五配清抄本。董文涣批校。

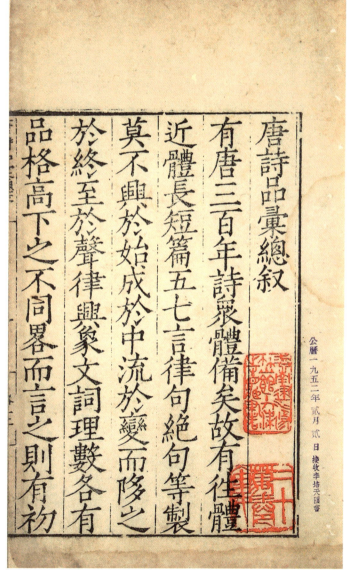

09477 唐詩品彙九十卷拾遺十卷　（明）高棅輯　明嘉靖十八年（1539）

牛斗刻本

匡高18.6厘米，廣13.1厘米。半葉十行，行二十字，白口，左右雙邊。有
“滇南建水修竹山館主人梁之相藏書”等印。雲南省圖書館藏。

唐詩絕句類選卷一

弔古　古諸作大得風人之體

李白

越中懷古

越王勾踐破吳歸義士還家盡錦衣宮女如花滿
春殿只今惟有鷓鴣飛

蘇臺覽古

舊苑荒臺楊柳新菱歌清唱不勝春只今惟有西

唐詩絕句類選卷一　弔古　一

大抵唐人弔古之作皆以今昔盛衰構索而緃摸
陵記好仔體裁藏

前三句賦昔日豪葉之感慨菱句味今日淒涼之
景柳揚開闔此板唐詩人所不多得

言藥菴慶吳覽覺惟柳色所閣惟吳歌而繁華安
在哉只有江月不汶耳

蔣春甫曰越中篇思古傷今藥菴篇傷今思古甚深
力畫全在只今惟有四字

桂天祥曰千萬怨恨人不能為一語

09478　唐詩絕句類選四卷總評一卷人物一卷　（明）敖英　凌雲輯

明凌雲刻三色套印本

匡高20.5厘米，廣14.8厘米。半葉八行，行十九字，白口，四周單邊。有
"吳興劉氏嘉業堂藏書記"等印。浙江大學圖書館藏。

大雅之音

唐詩選卷之一

濟南李攀龍選訂

太原王穉登泰評

五言古

魏徵

述懷

中原還逐鹿　投筆事戎軒　縱橫計不就　慷慨志

猶存　策杖謁天子　驅馬出關門　請纓繫南越　憑

五言古　　卷一　　一

09479 唐詩選七卷 （明）李攀龍輯　（明）王穉登評　明閔氏刻朱墨套

印本

匡高21厘米，廣14.7厘米。半葉八行，行十八字，白口，左右雙邊。四川大

學圖書館藏。

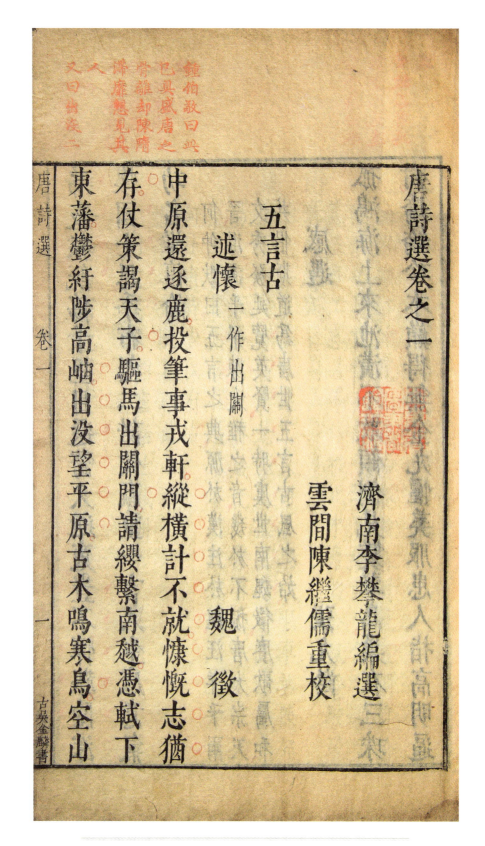

唐詩選卷之一

濟南李攀龍編選

雲間陳繼儒重校

五言古

述懷 一作出關

魏徵

中原還逐鹿投筆事戎軒縱橫計不就慷慨志猶
存仗策謁天子驅馬出關門請纓繫南越憑軾下
東藩鬱紆陟高岫出没望平原古木鳴寒鳥空山

唐詩選 卷一

一

古吳金麟書

蔣春甫目用韵
先四仄次四平
後復五仄結響
玲瓏

李于鱗唐詩廣選卷一

五言古

太宗皇帝

飲馬長城窟行

塞外悲風切交河冰巳結瀚海百重波陰山千

里雪迴戍危烽火層巒引高節悠悠卷旆旌飲

馬出長城寒沙連騎迹朔吹斷邊聲胡塵清玉

塞羌笛韵金鉦絕漠干戈戢車徒振原隰都尉

唐詩廣選卷一

一

09481 李于鱗唐詩廣選七卷 （明）李攀龍輯 （明）凌瑞森 凌南榮

輯評 明萬曆三年（1575）凌氏盟鷗館刻朱墨套印本

匡高27.4厘米，廣14.5厘米。半葉八行，行十八字，白口，四周單邊。廣東

省立中山圖書館藏。

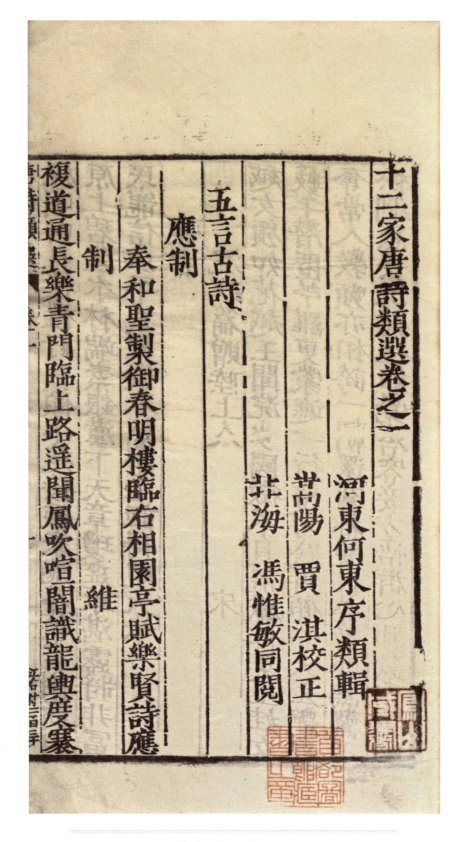

09482、09483 十二家唐詩類選十二卷 （明）何東序輯　明隆慶四年
（1570）刻本
匡高20.5厘米，廣14.2厘米。半葉九行，行二十一字，白口，四周單邊。首
都圖書館、山東大學圖書館藏。

全唐詩

太宗皇帝

帝姓李氏諱世民神堯次子聰明英武貞觀之治庶幾
成康功德兼隆由漢以來未之有也而銳情經術初建
秦邸即開文學館召名儒十八人爲學士既即位殿左
置弘文館悉引内學士番宿更休聽朝之間則與討論
典籍雜以文詠或日昃夜艾未嘗少怠詩筆草隸卓越
前古至於天文秀發洗麗高朗有唐三百年風雅之盛
帝實有以啓之焉在位二十四年諡曰文集四十卷館
閣書目詩一卷六十九首今編詩一卷

帝京篇十首 并序

太宗皇帝　　　　　全唐詩

09484、09485 全唐詩九百卷目録十二卷 〔清〕曹寅 彭定求等輯 清
康熙四十四至四十六年（1705–1707）揚州詩局刻本
匡高16.9厘米，廣11.8厘米。半葉十一行，行二十一字，細黑口，左右雙
邊。山東省圖書館、遼寧省圖書館藏。

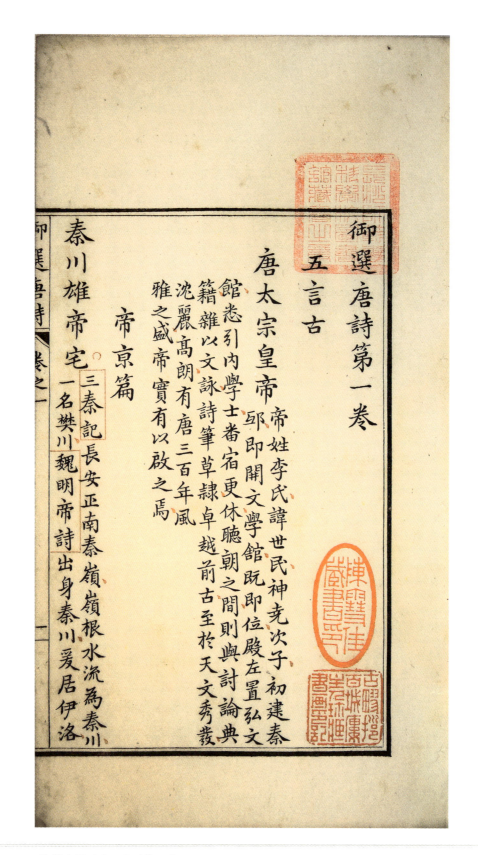

御選唐詩第一卷

五言古

唐太宗皇帝　帝姓李氏諱世民神堯次子初建秦
館恣引内學士番宿更休聽朝之間則興討論典
籍雜以文詠詩筆草隸卓越前古至於天文秀髮
沈麗高朗有唐三百年風雅之盛帝實有以啟之焉
邱即開文學館既即位殿左置弘文

帝京篇

泰川雄帝宅　一名樊川魏明帝詩出身秦川爰居伊洛
三秦記長安正南秦嶺嶺根水流為秦川

御選唐詩　卷之一

09486-09498　御選唐詩三十二卷目録三卷　（清）聖祖玄燁輯　（清）陳廷敬等注　清康熙五十二年（1713）内府刻朱墨

套印本

匡高19厘米，廣12.1厘米。半葉七行，行十七字，小字雙行字不等，白口，四周雙邊。四川大學圖書館、山西省圖書館、長春
圖書館、山西省祁縣圖書館、山東省圖書館藏；山東省圖書館藏又兩部；首都圖書館、青海民族大學圖書館、東北師範大學圖書
館、湖北省圖書館、湖南師範大學圖書館、皖西學院圖書館藏。

御定全唐詩録卷第一

旨校刊

禮部侍郎 臣徐倬翰林院侍讀學士臣徐元正奉

太宗

帝姓李氏諱世民高祖第二子高祖起義兵拜右

領大都督封燉煌郡公徙封趙國公高祖受禪拜

尚書令右武侯大將軍進封秦王海内漸平乃鋭

意經籍開文學館以待四方之士杜如晦等十有

八人爲學士與之討論雖受高祖傳位實首開創

之主

唐詩品云文皇生更隋代蚤事藝文習氣既開神

09499 御定全唐詩録一百卷 (清)徐倬輯 清康熙四十五年(1706)

内府刻本

匡高16.2厘米，廣11.7厘米。半葉十一行，行二十一字，黑口，左右雙邊。

故宮博物院藏。

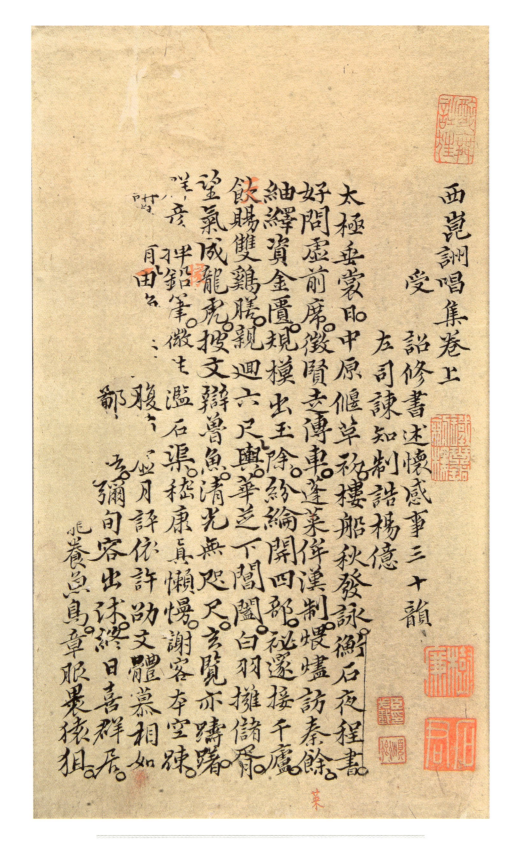

09500　西崑酬唱集二卷　（宋）楊億等輯　明末馮班抄本

半葉十二行，行二十字。馮班跋。葉萬、何焯、顧廣圻校並跋。有"樹廉"、"樸學齋"、"半樹齋戈氏藏書印"、"鐵琴銅劍樓"等印。國家圖書館藏。

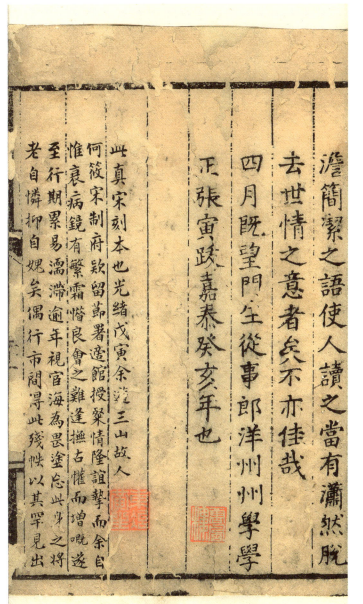

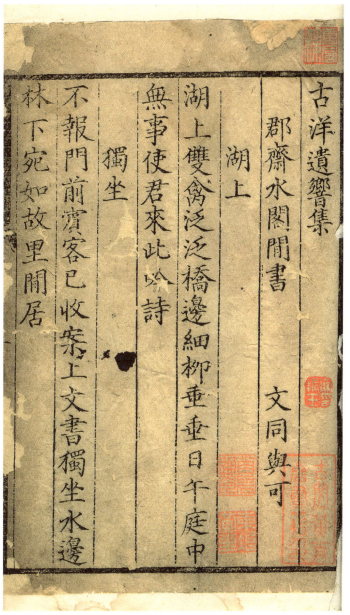

09501 古洋遺響集不分卷 〔宋〕文同等撰　明刻本

匡高20.4厘米，廣14.5厘米。半葉八行，行十六字，黑口，四周單邊。有
"古閩黃肖巖書籍印"等印。旅順博物館藏。

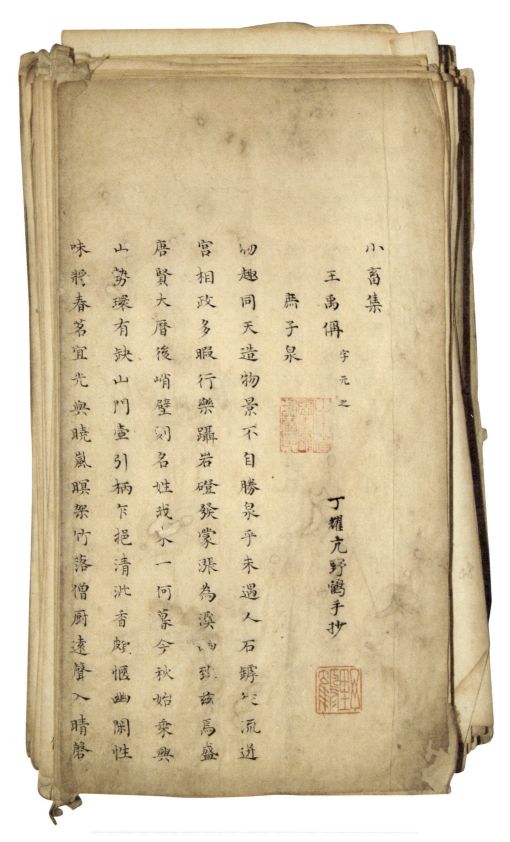

味羹春茗宜先興曉嵐暝架竹落僧厨遠聲入晴磬

山勢璨有缺山門壺引柄下抱清沁香腋恬幽閑性

唐賢大層後峭壁刻名姓我水一何慕今秋始乘興

官相政多暇行樂躡岩磴癸蒙漲爲溪幽致兹焉盛

四趣同天造物景不自勝泉乎未遇人石鐫於流迸

麋子泉

王禹偁 字元之

小畜集

丁耀亢野鶴手抄

09502 宋詩英華四卷　清丁耀亢抄本

半葉八行，行二十字。有"野鶴"、"丁耀亢印"等印。山東省圖書館藏。

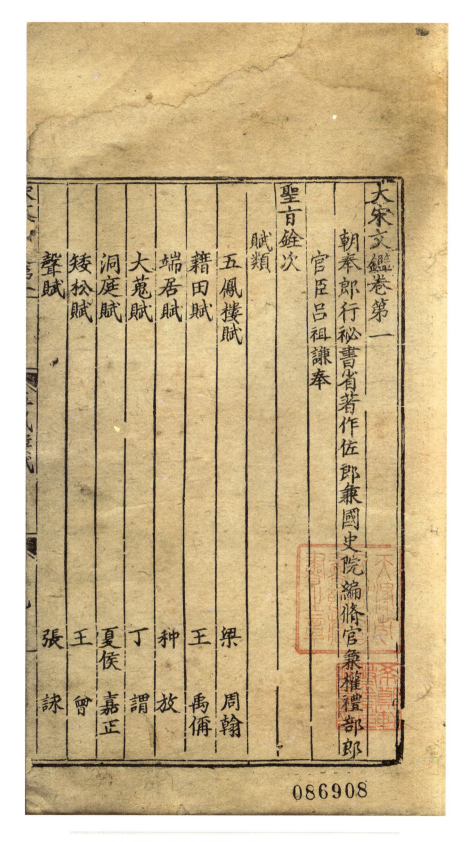

09503 大宋文鑑一百五十卷目錄三卷 （宋）呂祖謙輯　明正德十三

年（1518）慎獨齋刻本

匡高18.1厘米，廣12厘米。半葉十二行，行二十五字，細黑口，四周雙邊。

天津圖書館藏。

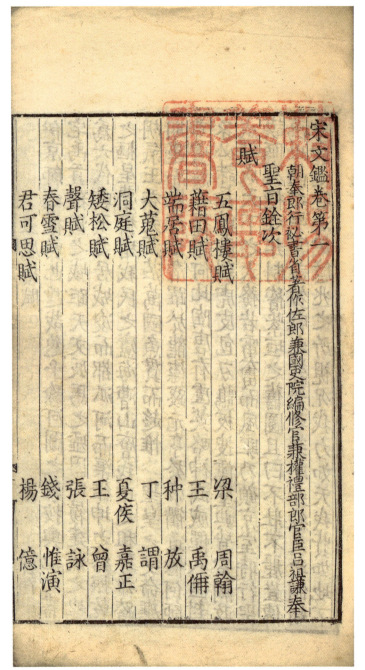

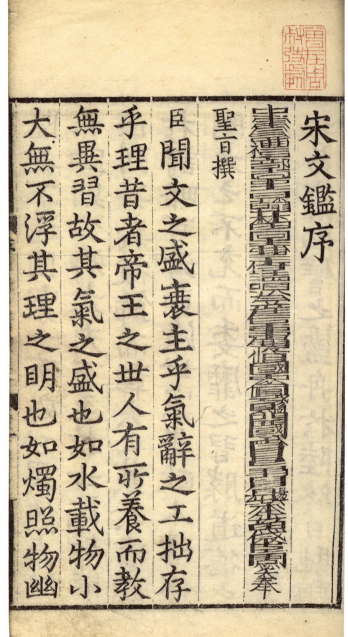

09504 宋文鑑一百五十卷目録三卷 （宋）呂祖謙輯　明嘉靖五年（1526）

晉藩養德書院刻本

匡高19.5厘米，廣12.8厘米。半葉十三行，行二十一字，黑口，左右雙邊。

有"敕賜養德書院"、"曾在周叔弢處"等印。中國中醫科學院圖書館藏。

御訂全金詩增補中州集卷一

金元好問原本

張郯王通古 一首 補

諸相上

補 金史張通古字樂之易州易縣人讀書

過目不忘詼綜經史善屬文遼天慶二年

全金詩卷一

二

09505、09506 御訂全金詩增補中州集七十二卷首二卷 （金）元
好問輯 （清）郭元釪補輯 清康熙五十年（1711）內府刻本
匡高18.2厘米，廣11.8厘米。半葉八行，行十九字，細黑口，四周單邊。
山東大學圖書館藏，有"趙氏模嵒閣收藏圖籍書畫印"、"渠丘曹愚盦氏藏
書"等印；遼寧省圖書館藏。

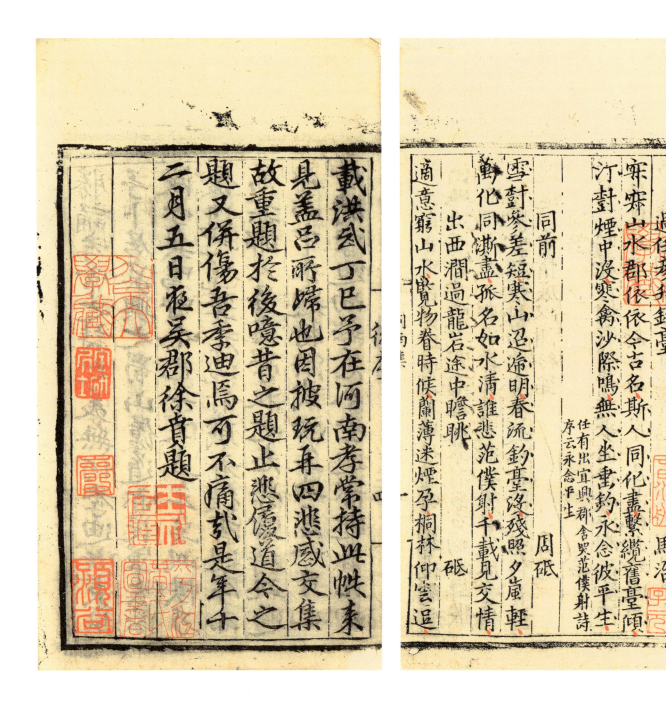

09507 荆南倡和詩集一卷附錄一卷 （元）周砥　馬治撰　明成化五年

（1469）李廷芝刻本

匡高18厘米，廣11.9厘米。半葉十行，行二十字，白口，四周雙邊。黃丕烈

跋。北京大學圖書館藏。

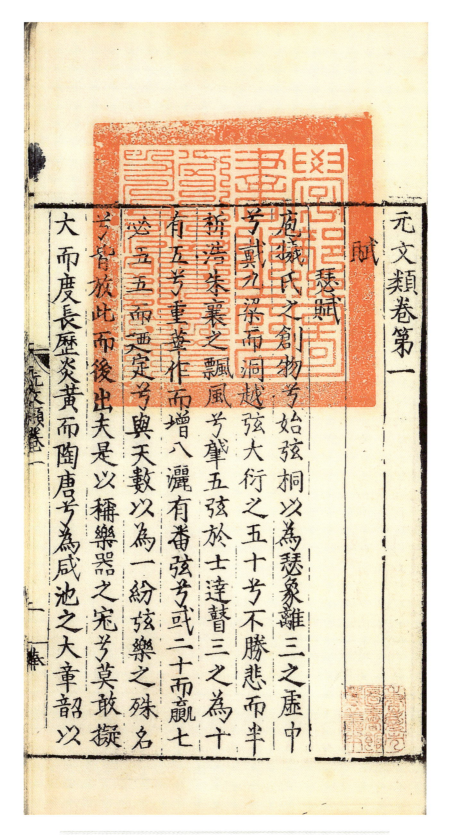

09508 元文類七十卷目錄三卷 （元）蘇天爵輯　明嘉靖十六年（1537）

晉藩刻本

匡高20.7厘米，廣15厘米。半葉十行，行十九字，白口，四周單邊。有"學
部圖書之印"等印。重慶圖書館藏。

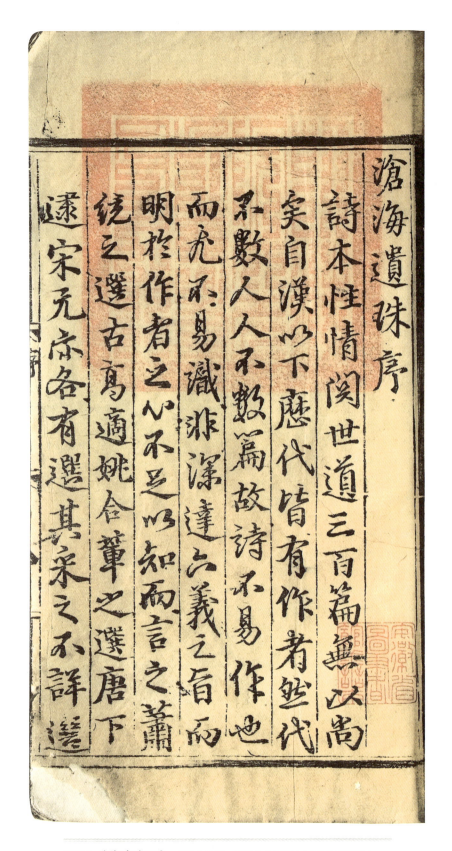

09509 滄海遺珠四卷 (明)沐昂輯 明成化十三年（1477）陳璘刻本

匡高21.4厘米，廣13.8厘米。半葉十行，行二十字，黑口，四周雙邊。有
"翰林院印"等印。安徽省圖書館藏。

欽定

四庫全書提要集部總集類

滄海遺珠四卷

不著何人所編惟楊士奇序知爲沐英之子字白景

顯然葉三子皆未字景顯莫能詳也明初沐氏鎮雲

南故是編所錄皆謨戍雲南者之作凡二十八人去取

頗精審自漢以來武人能詩者有之武人選詩而

其書不愧善本者惟此一人而已

光緒庚寅七月廿八日北野農手錄

滄海遺珠集卷之一

朱經字仲誼抗人覽玩辭

題顧定之墨竹

虎頭諸孫總癡絕老安不病乃用拙憶在吳中寫墨

若雲楷冰縑每飄撇妙廬不減文湖州同時更有柯

丹丘眼底只今無此客使我悒悒懷風流蒼梧想兒

斑竹活着盡忽焉憂恩谿安得二老從之遊搔首漅

風起天末

題讀碑圖

孝娥碑在曹江滸誰其作者邯鄲淳中郎八字因贄

春日有懷

白陽畢老石祖賦二律時之得

請歸里

家園松菊久相違明月江郎憶

釣磯自是東山高蟬假每泯

泰山猴望喜暉

二郎郎晉日多黃髮鄉園栖々羊

白杏別後藥逦頻遠盡渭採

楊柳亮休々

聞說敦倉粟粉紅而六時事

閒養窮澤家玄計先陽味

周宝人村讓畢石河後艍翰

添百億東西兵舉嘆三夫

聖彩上佐還思舊指日冊春出

禁中

黎陽王畫晉

09510 **餞送白陽畢大司農歸里詩一卷** （明）顧起元等撰　稿本

經折裝。朱長泩跋。山東省圖書館藏。

34448

皇明文衡卷之一

翰林院學士新安程敏政選編

徽州府稚官西昌諸鵬校刊

休寧縣學生汪經曾録

代言

論中原檄

宋濂

自古帝王臨御天下中國居内以制夷狄夷狄居外以奉中國未聞以夷狄治天下也自宋祚傾移元以北狄入主中國四海内外罔不臣服此豈人力實乃天授然達人志士尚有冠履倒置之嘆自是以後元之臣子不遵祖訓廢壞綱常有如大德廢長立幼泰定以臣弑君大曆以弟酖兄至於第權

09511 皇明文衡一百卷目録二卷 （明）程敏政輯 明正德五年（1510）

張鵬刻本

匡高18.8厘米，廣13厘米。半葉十二行，行二十三字，白口，四周單邊。吉林大學圖書館藏。

皇明文選卷之一

詔

定嶽鎮海瀆名號詔

王褘

詔曰自有元失馭群雄鼎沸土宇分裂聲教不同朕
奮起布衣以安民爲念訓將練兵平定華夷大統以
正永惟爲治之道必本於禮考諸祀典如五嶽五鎮
四海四瀆之封起自唐世崇名美號歷代有加在朕
思之則有不然夫大嶽鎮海瀆皆高山廣水自天地開
闢以至于今英靈之氣萃而爲神必皆受命於上帝
幽微莫測豈國家封號之所可加瀆禮不經莫此爲

09512 皇明文選二十卷 （明）汪宗元輯　明嘉靖三十三年（1554）自刻本

匡高20.4厘米，廣14.5厘米。半葉十行，行二十字，白口，左右雙邊。重慶圖書館藏。

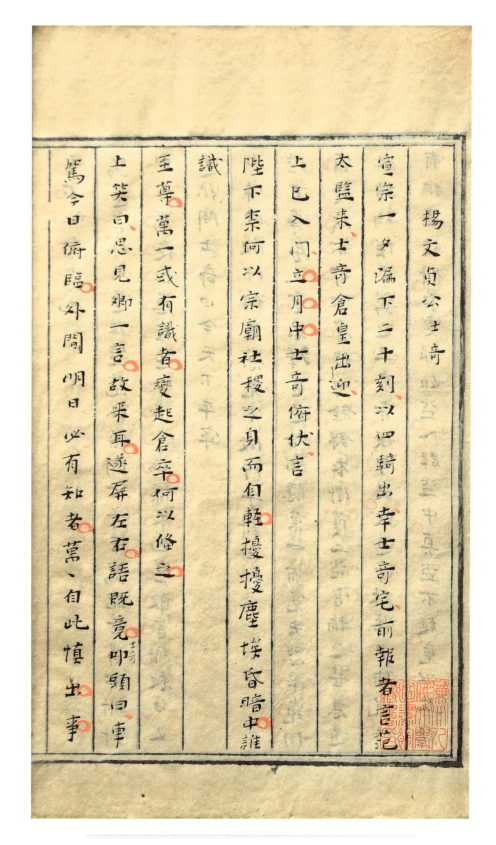

09513 第一鳳傳不分卷第一人傳不分卷第一品傳不分卷 〔明〕

徐熙輯 明抄本

匡高21.6厘米，廣15.2厘米。半葉九行，行二十二字，藍格，白口，四周雙邊。吉林大學圖書館藏。

陽明先生論

君心惟在所養

錫山錢普批選

人君之心顧其所以養之者何如其養之以善則進於
高明而心日以智養之以惡則流於汙下而心日以愚
故夫人君之所以養其心者不可以不慎也天下之物
未有不得其養而能生者雖草木之微亦必有兩露之
滋寒暖之劑而后得以遂其暢茂條達而況於人君之
心天地民物之主也禮樂刑政教化之所自出也非至

批選六大家論　卷二

三百四十六　孝

09514　批選六大家論二卷　（明）錢普輯並評　明刻本

匡高21.6厘米，廣14.7厘米。半葉九行，行二十一字，白口，左右雙邊。中國人民大學圖書館藏。

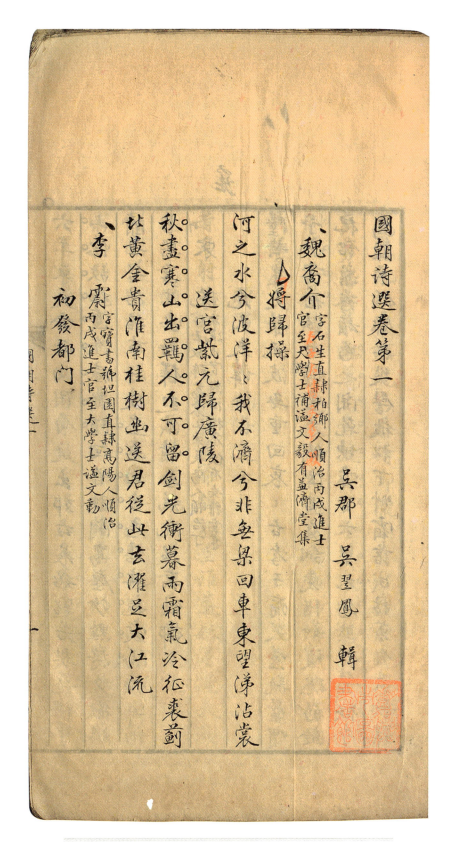

國朝詩選卷第一　　吳郡　吳翌鳳　輯

魏裔介　字石生直隸柏鄉人順治丙戌進士官至大學士補謚文毅有兼濟堂集

　將歸操

河之水兮波洋洋我不濟兮非無梁回車東望涕沾裳送宮歸元歸廣陵

秋盡寒山出罷人不可留劍光衝暮雨霜氣泠孤裘劚北黃金貴淮南桂樹幽送君從此去灝盪大江流

李初發都門

霨　字寶書雒坦園直隸高陽人順治丙戌進士官至大學士謚文勤

09515　國朝詩選五卷附錄一卷　（清）吳翌鳳輯　稿本

匡高19.1厘米，廣13.1厘米。半葉十行，行二十一字，綠格，白口，四周單邊。嘉興市圖書館藏。

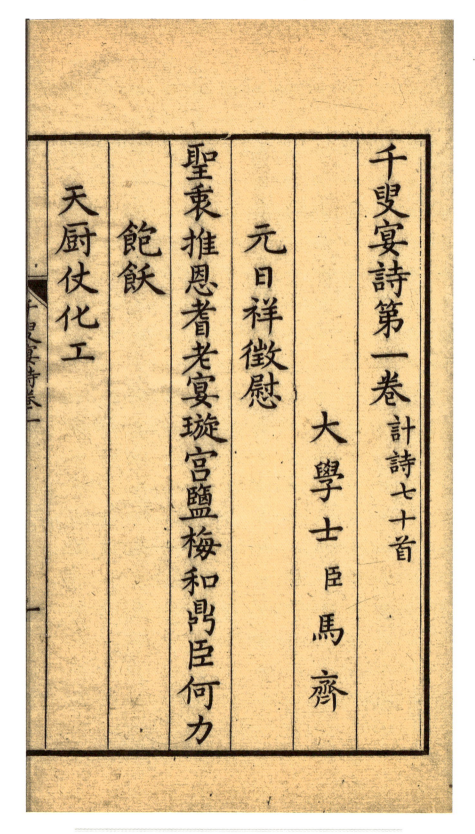

千叟宴詩第一卷 計詩七十首

大學士 臣 馬 齊

元日祥徵慰

聖秉推恩耆老宴璿宮鹽梅和鼎臣何力

飽飫

天厨仗化工

09516 **千叟宴詩四卷** 〔清〕聖祖玄燁等撰　清康熙六十一年（1722）内府刻本

匡高19.4厘米，廣12.7厘米。半葉六行，行十六字，白口，左右雙邊。故宫博物院藏。

虎丘十詠

觸石起膚寸悠然散千頃我來坐東軒妙趣心

莫領　　　　　　　　右千頃雲

雪没羣山盡天垂落日懸馮虛俯城郭隱見一

絲烟　　　　右小吳軒

地坼重淵積人亡寶劍藏千季斷崖月何蒥照

龍兇　　右劍池

劔試一痕秋崖傾水斷如流何百年後不斬趙

高頭　　　　右試劔石

碩仲瑛　諱阿瑛

09517 玉山名勝集二卷 （元）顧瑛輯　明抄本

朱存理校補。顧渚跋。何焯校並跋。有"朱存理印"、"顧渚之印"、"汪
士鐘曾讀"、"鐵琴銅劍樓"等印。國家圖書館藏。

大倉文略卷之一

後學陸之裘校選
後學王夢祥校刻

偶桓字武孟荆門州吏目

雜詩

衝茅日岑寂嘉樹生繁陰凤興把朝葯翛然澄我心
如彼倦飛鳥冀得栖故林抱經味遺言且復理鳴琴
惜哉鍾子没曠世誰知音

二

夜景湛虛朗出月光爛爛緬惟群動息苟懷遺體安
凉風濯毛髮夕露澄肺肝一尊聊自遣獨酌詎成歡
空感齒齡暮亦知筋力殫俛仰天壤內齷齪塵土間
學仙愧松喬抱道希孔顏所重在知命慷慨復何歎

09518 太倉文略四卷 （明）陸之裘輯　明嘉靖二十二年（1543）王夢祥
刻本

匡高17厘米，廣14厘米。半葉十一行，行二十字，白口，左右雙邊。浙江大
學圖書館藏。

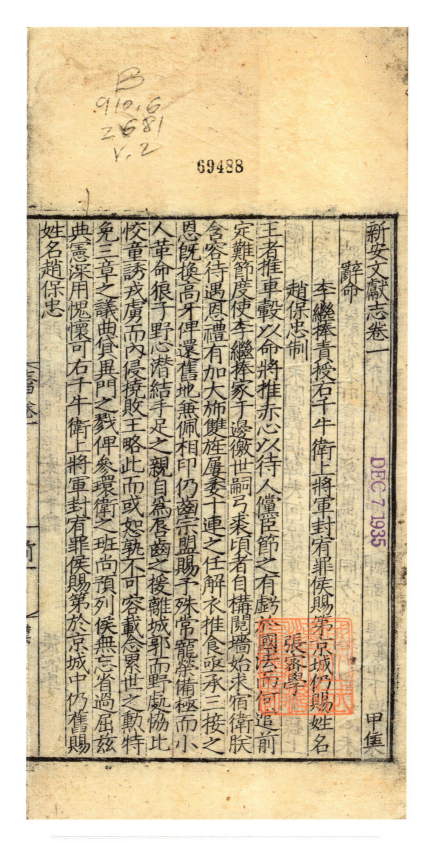

09519 新安文獻志一百卷先賢事略二卷目錄二卷 （明）程敏政輯

明弘治十年（1497）祁司員、彭哲等刻本

匡高19.1厘米，廣13.4厘米。半葉十三行，行二十七字，白口，左右雙邊。

武漢大學圖書館藏。

南滁會景編卷第一　文集

栢子潭

御製

洪武六年遣秦府右傅文原吉祭于栢子潭神龍日

昔兵駐滁陽適當秋首正禾苗暢茂時乃無雨軍民

惶惶予亦甚迫詢及上人言豐山之東潭有神龍每

遇患旱禱之輒應予親詣懇切於祠神不我棄後三

日乃答俄風生萬壑倏墨雲遍於太虛須史霖雨濟

我軍民然雖去此而常想二十年間凡旱患猶極目

于神方今群牧在斯掬涸泉飲有告我者蛇入神祠

予想非蛇必神有所爲而致豈牧豎褻瀆而有所惡

09520　南滁會景編十卷　（明）趙廷瑞輯　明嘉靖三十四年（1555）刻本
匡高18.8厘米，廣14.3厘米。半葉十一行，行二十字，白口，左右雙邊。中山大學圖書館藏。

海嶽靈秀集卷一

魯藩中立觀㷪精選

殷石川

殷雲霄字近夫號石川兗之壽張人童時能讀書數行下舉弘治乙丑進士終南京工科給事中天資豪邁著述甚富得初唐體裁海嶽之奇氣也觀㷪識

氣也觀㷪識

五言古詩

敕賜承

09521 海嶽靈秀集二十二卷 （明）朱觀㷪輯　明隆慶三年（1569）魯藩承訓書院刻本

匡高19.5厘米，廣14.4厘米。半葉九行，行二十字，白口，四周雙邊。遼寧省圖書館藏。

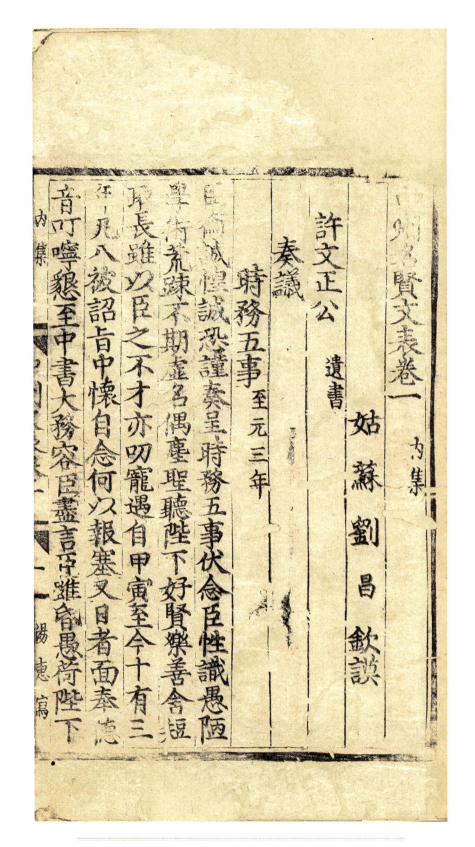

09522 中州名賢文表三十卷 〔明〕劉昌輯　明成化刻本

匡高22厘米，廣15.5厘米。半葉十行，行二十字，細黑口，四周雙邊。寧波市天一閣博物館藏，存二十六卷。

武王

對商操　謝希逸琴集曰武王
伐紂武王自作也
古今樂錄曰武王
伐紂而作此歌

上告皇天兮可以行乎

碎雖辭

卅張辭雖鶴鶴相從八風回回鳳皇皆皆

有昭碎雖有賢泮宮田里周行濟濟鏘鏘相從執質

有族以文

敕爾督率爾衆工奏爾悲謳肅雖雖無怠無凶

妖歌國語武王克殷作此詩以為妖歌名之曰

09523　**雝音四卷**　（明）胡纘宗輯　明嘉靖二十七年（1548）清渭草堂刻本
匡高19.2厘米，廣14.4厘米。半葉十行，行二十字，白口，四周單邊。故宮
博物院藏。

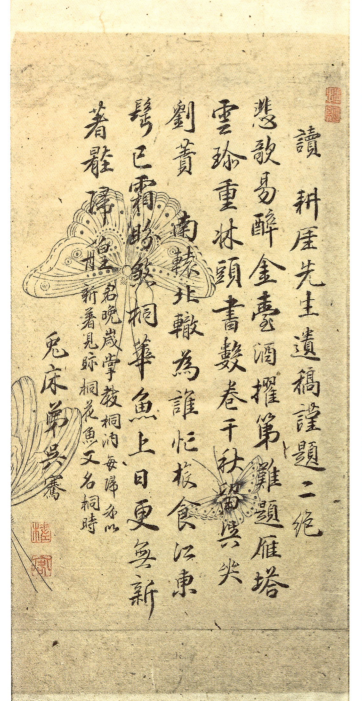

讀 耕厓先生遺稿謹題二絕

悲歌易醉金臺酒擱筆難題雁塔

雲瑯重林頭書數卷千秋鬄嵐尖

劉賫南轅北轍為誰忙枝食江東

鬢已霜矣桐華魚上日更無新

著駢儷……名晚歲掌教桐渦每歸丞以新著見跡桐花魚又名桐時

兔床弟吳騫

海昌詩繫卷一

邑人周廣業輯　男勳懋補

齋

顧歡字景怡永明元年徵士有傳

補傳歡字景怡一字元平吳興鹽官人也祖赴

晉隆安末避亂隱居歡年六七歲知推六甲父

使驅田中雀作黃雀賦而歸雀食稻過半父怒

欲捷之見賦乃止鄉中有學舍歡於舍壁倚聽

無遺忘者夕燃松節讀書或燃糠自照及長篤

志不倦聞吳興郀元之能傳五經文句從之受

一種松書塾鈔本

09524　海昌詩繫二十卷　（清）周廣業輯　（清）周勳懋續輯　稿本

匡高17.7厘米，廣13.8厘米。半葉十行，行二十字，黑口，左右雙邊。周勳懋跋。吳騫題詩。南京圖書館藏。

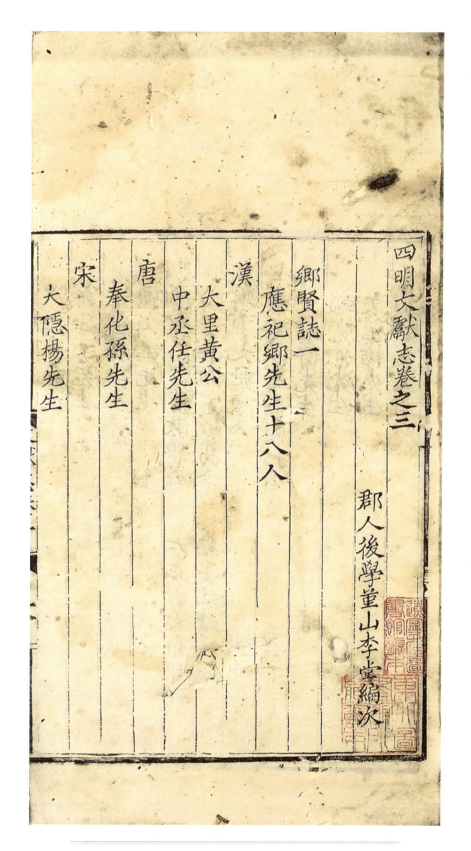

09525 四明文獻志十卷 （明）李堂輯　明嘉靖刻本

匡高18.8厘米，廣14.2厘米。半葉十二行，行二十一字，黑口，四周雙邊。
遼寧省圖書館藏。

赤城詩集卷之一

左委羽居士宋宣□輯
名緯字經臣黄岩人號委羽居士宋宣
間以詩鳴與許景衡為友景衡稱其詩
少陵祝劉元禮周恭叔皆兄事之所著
羽集

避寇二首比克社七歌

東隣有老人金玉富焉藏惡賊一朝來棄之如瓦礫惟命
是西山謂此可
雖尚存見人無頗色老人自不知本為大盜積
保城恃義兵誤事真可惜國家久昇平誰復見鋒鏑一旦
驅市人紛然胃矢石逢敵先棄戈罪之不可得
妻兒共一軀日夜謹相守遥驚白旗來不覺四散走汝死

09526 赤城詩集六卷 （明）謝鐸 黄孔照輯 明成化十八年（1482）建
陽書坊刻本
匡高20.5厘米，廣13厘米。半葉九行，行二十二字，黑口，四周雙邊。寧波
市天一閣博物館藏。

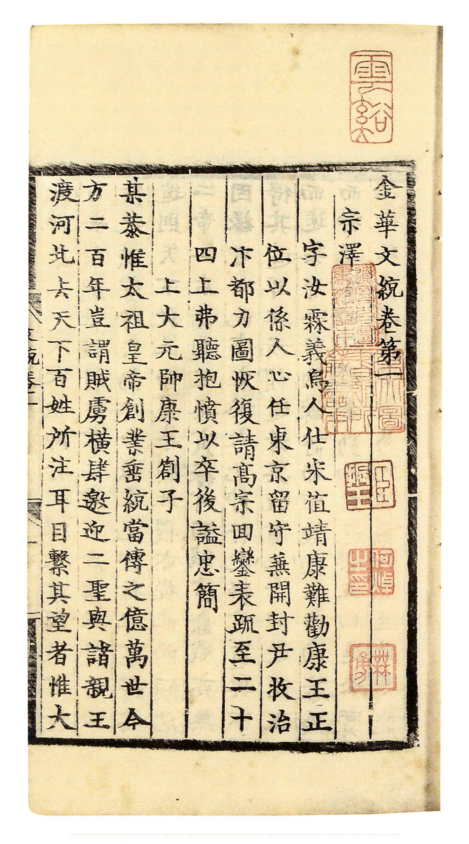

09527 金華文統十三卷 （明）趙鶴輯　明正德七年（1512）趙鶴、李玘刻本

匡高19.3厘米，廣12.9厘米。半葉十行，行十八字，黑口，四周單邊。遼寧省圖書館藏。

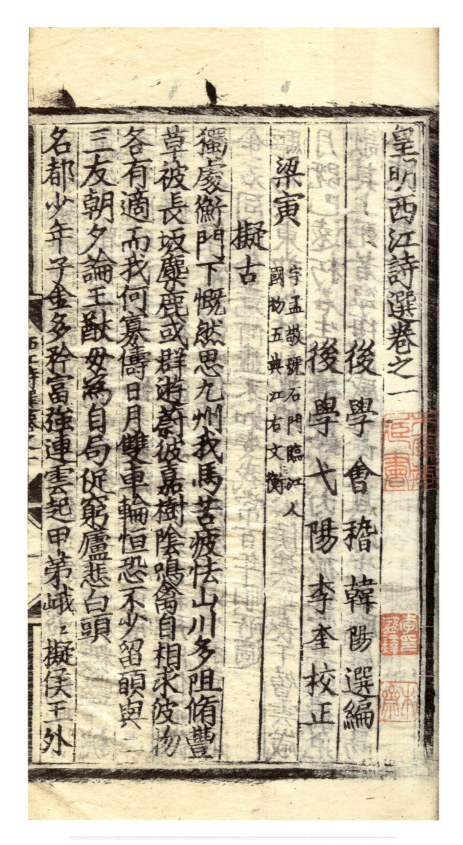

09528、09529 皇明西江詩選十卷 （明）韓陽輯　明景泰六年（1455）
刻本

匡高20.8厘米，廣13厘米。半葉十行，行二十一字，黑口，四周雙邊。北京
大學圖書館藏，有"李盛鐸家藏之印"、"李滂"、"少微"、"木齋審定
善本"、"李印盛鐸"等印；中國科學院國家科學圖書館藏。

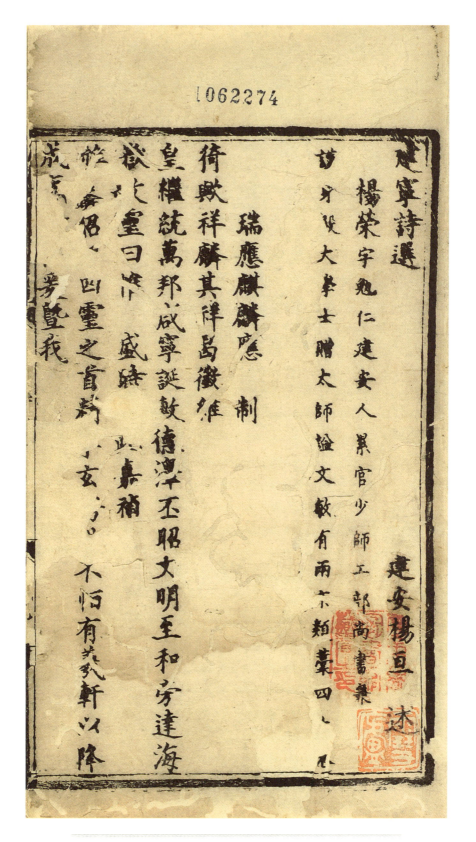

1062274

09530 建寧詩選不分卷 （明）楊亘撰 明刻本

匡高20.9厘米，廣13.3厘米。半葉廿行，行二十字，黑口，四周雙邊。雲南
大學圖書館藏。

闕里孔氏詩鈔卷第一

鎮洋盛大士選訂

曲阜孔憲彝纂輯

孔興燮

字起呂號輔垣孔子六十六代孫順治五年襲封衍聖公加太子太保晉少保晉太子太保又晉少傅魚太子太傅○先以庶孫襲爵年十三已凝重能自立時闕里經明季寇亂興朝尊師重道之意力為修整廟庭典制慮復舊觀事生禮樂不修廟廡圮公感激而行嘗語人曰母陶太夫人至孝事今尚為母養也工文辭善書人子當養母吾今集本本傳僅於遺畫中採錄一首

畫年二十有二覽集本本

題畫梅

曲中桃葉詎能方春滿羅浮第一香誰更品為花御史

09531　闕里孔氏詩鈔十四卷　〔清〕孔憲彝輯　稿本

匡高18.2厘米，廣13.1厘米。半葉十行，行二十一字，小字雙行同，黑口，左右雙邊。首都圖書館藏。

張南湖先生文集遺藁

刻秦少游淮海集序

高郵張　綎世文著

於鄂之石鏡亭

嘉靖己亥秋九月望日撰

縱每進見縉紳先生未有不詢及秦公者流風遺韻

隱然如高山巨川人皆識其為一鄉之望乃知地以

人而勝也公没已數百年而盛名不泯然以文之有

傳焉耳北監舊有集板歲久漫漶近日山東新刻不

全予乃以二集相較刻之郡齋序曰凡古人之文有

張南湖先生文集遺藁

一

09532　高郵張氏遺稿十六卷　〔清〕張廷樞輯　稿本

匡高21.4厘米，廣15.4厘米。半葉八行，行二十字，白口，四周單邊。揚州市圖書館藏。

閔莊懿公詩集卷之一

刑部尚書太子太保吳興孫山閔珪著

兵部尚書太子少保孫甥印川潘季馴編次

孫　閔宜力

曾孫　閔德慶

玄孫　閔弘慶

玄孫　閔一范

從孫　閔世譽

玄孫　閔世楨

五言律詩

閔世翔世楨梓

09533　吳興閔氏兩尚書詩集十五卷　（明）閔一范輯　明萬曆十年（1582）

刻本

匡高19.6厘米，廣12.8厘米。半葉九行，行十八字，白口，四周雙邊。天津
圖書館藏。

三蘇先生文粹卷第一

老泉先生

論

易

聖人之道得禮而信得易而尊信之而不可廢尊之而不敢廢故聖
人之道所以不廢者禮爲之明而易爲之幽也生民之初無貴賤無
尊卑無長幼不耕而不饑不蠶而不寒故其民逸民之苦勞而樂逸
也若水之走下而聖人者獨爲之君臣而使天下貴役賤爲之父子
而使天下長役幼蠶而後衣耕而後食
能奪其樂而易之一聖人之力固非足以勝天下之衆而其所以
率天下而勞之以其兄弟之兄弟而使天下之民亦遂肯棄逸而即勞欣然
戴之以爲君師而遵蹈其法制者禮則使然也聖人之始作禮也其
說曰天下無貴賤無尊卑無長幼不耕而食爲
獸之肉不蠶而衣鳥獸之皮是鳥獸與人相食無巳也有貴賤有尊

09534 **三蘇先生文粹七十卷** （宋）蘇洵 蘇軾 蘇轍撰 明刻本

匡高19厘米，廣14.1厘米。半葉十四行，行二十六字，白口，左右雙邊。
有"巴陵方氏碧琳瑯館珍藏古刻善本之印"、"丁氏菊甦"、"松夢簃主
人"、"方印功惠"等印。山東省圖書館藏。

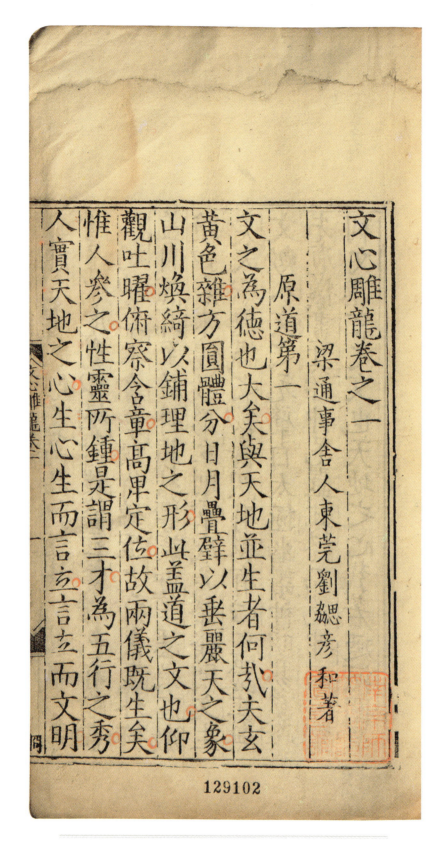

129102

09535 文心雕龍十卷 〔梁〕劉勰撰 明萬曆十年（1582）原一魁刻兩京遺編本

匡高21厘米，廣13.7厘米。半葉九行，行十七字，白口，四周雙邊。姚培謙校并跋。南京師範大學圖書館藏。

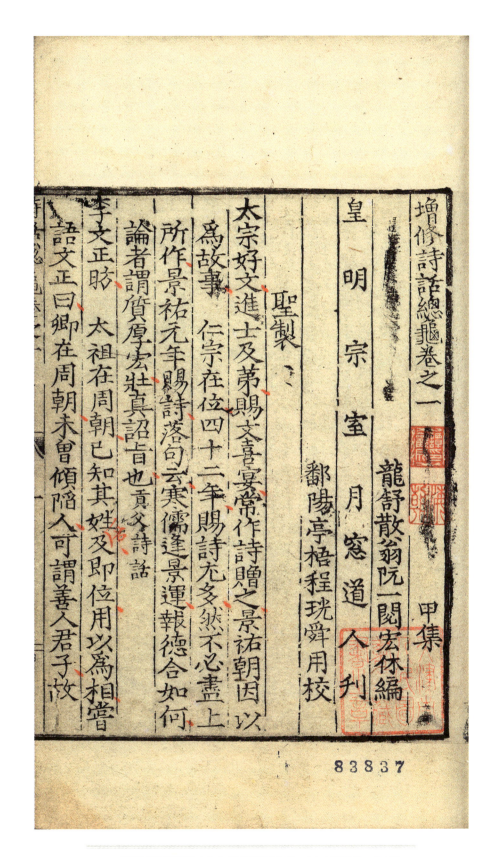

皇明宗室月窗道人刊

增修詩話總龜卷之一

龍舒散翁阮一閱宏休編

鄱陽亭梧程珖舜用校

甲集

聖製

太宗好文進士及第賜文喜宴常作詩贈之景祐朝因以為故事　仁宗在位四十二年賜詩尤多然不必盡上所作景祐元年賜詩落句云寒儒逢景運報德合如何

論者謂質厚宏壯真詔吉也　貢父詩話

李文正昉　太祖在周朝已知其姓及即位用以爲相嘗語文正曰卿在周朝未曾傾陷人可謂善入君子故

09536 增修詩話總龜四十八卷後集五十卷 （宋）阮閱輯　明嘉靖二十四年（1545）月窗道人刻本
匡高17.2厘米，廣12.9厘米。半葉十一行，行二十二字，白口，四周單邊。
天津圖書館藏。

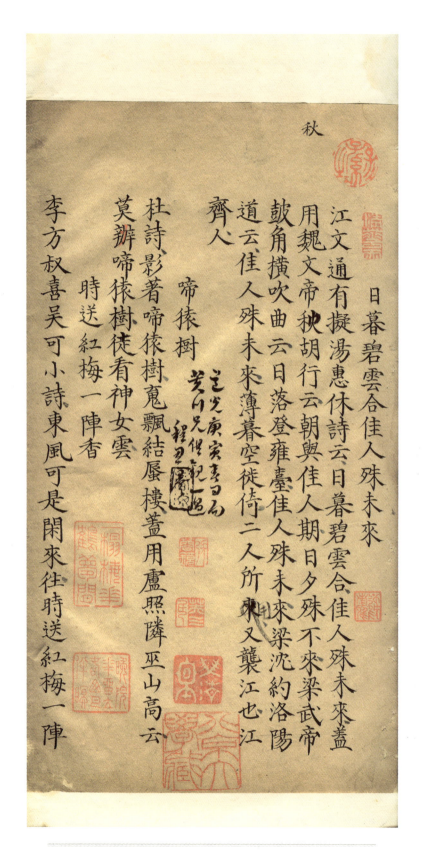

李方叔喜吳可小詩東風可是閑來往時送紅梅一陣

時送紅梅一陣香

莫辨啼猿樹徒看神女雲

杜詩影著啼猿樹蔦飄結屨樓蓋用盧照隣巫山高云

啼猿樹

齊人

道云佳人殊未來薄暮空徙倚二人所乘又襄江也江

鼓角橫吹曲云日落登雍臺佳人殊未來梁沈約洛陽

用魏文帝秋胡行云朝與佳人期日夕殊不來梁武帝

江文通有擬湯惠休詩云日暮碧雲合佳人殊未來蓋

日暮碧雲合佳人殊未來

秋

09537 優古堂詩話一卷 〔宋〕吳幵輯　明抄本〔有抄配〕

半葉十一行，行二十一字。徐駿、黃丕烈、顧蓴、錢天樹、蔣因培、程恩
澤、陶廷傑、張爾旦、李盛鐸跋。北京大學圖書館藏。

唐詩紀事卷第一

太宗　高宗

帝京篇序云余以萬機之暇遊息藝文觀列代之皇
王考當時之行事軒昊舜禹之上信無間然矣至於
秦皇周穆漢武魏明峻宇雕墻窮侈極麗征税彌於
宇宙轍跡徧於天下九域無以稱其求江海不能贍
其欲覆亡顛沛不亦宜乎余追蹤百王之末馳心千
載之下慨懷古想彼哲人廢以堯舜之風蕩秦漢
之弊用咸英之曲變爛漫之音求之人情不爲難矣
故觀文教於六經闡武功於七德臺榭取其避燥濕

09538 唐詩紀事八十一卷　（宋）計有功撰　明嘉靖二十四年（1545）

洪楩清平山堂刻本
匡高18.8厘米，廣13.6厘米。半葉十行，行二十字，白口，四周單邊。遼寧
省圖書館藏。

—— 291 ——

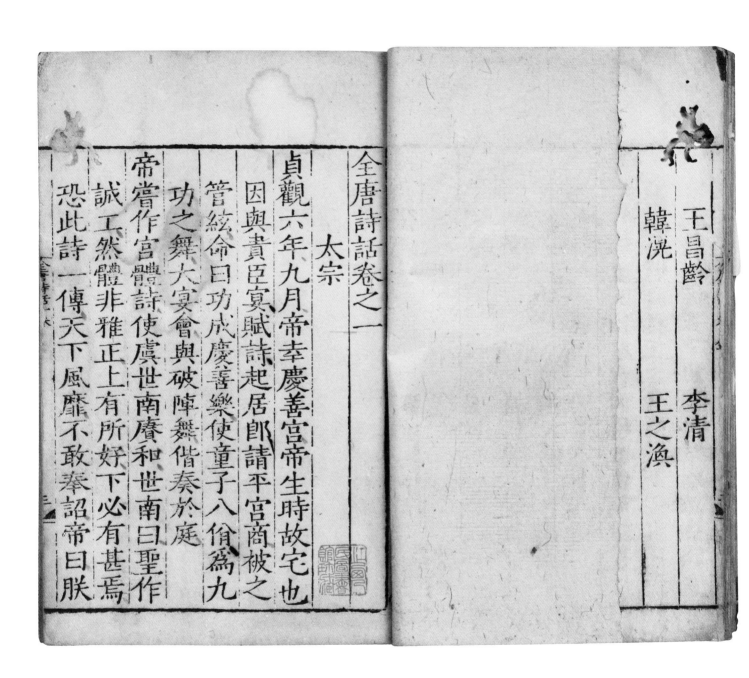

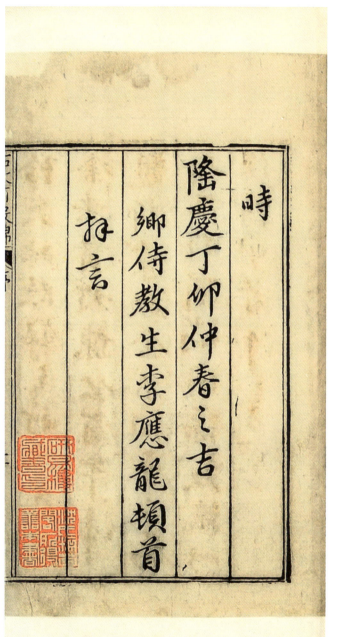

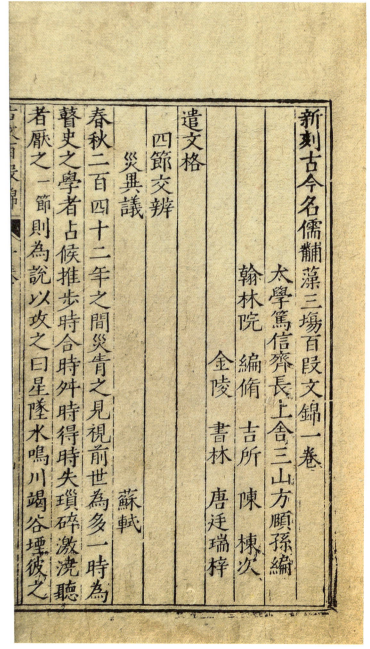

09540 新刻古今名儒翰藻三場百段文錦五卷 （宋）方頤孫輯　明金
陵書林唐廷瑞刻本

匡高18.9厘米，廣11.7厘米。半葉十行，行二十二字，白口，四周雙邊。有
"研易樓藏書印"、"沈氏翠芬閣所得善本書"等印。吉林大學圖書館藏。

吳禮部別集卷一

詩話雜說

仲長統述志詩允謂奇作其曰叛散五經滅棄風雅
者得罪於名教甚矣蓋已開魏晉曠達之習元虞
之風昌黎志闢異端而漢三賢贊統與焉殆未之
察也

湯伯紀注陶淵明述酒詩定為廋辭隱語蓋恭帝哀
詩發千古之未發諸否之題之其難解屢亦不敢
決得存殼之意愚嘗有一二管見補之。重離照
南陸鳴鳥嗷相聞秋草雖未黃融風久已分素礫

09541 吳禮部別集一卷 （元）吳師道撰　清乾隆五十二年（1787）吳騫
家抄本

半葉十行，行二十字。吳騫校並跋。有"吳騫字槎客別字兔牀"、"來燕榭
珍藏記"、"黃裳藏本"等印。國家圖書館藏。

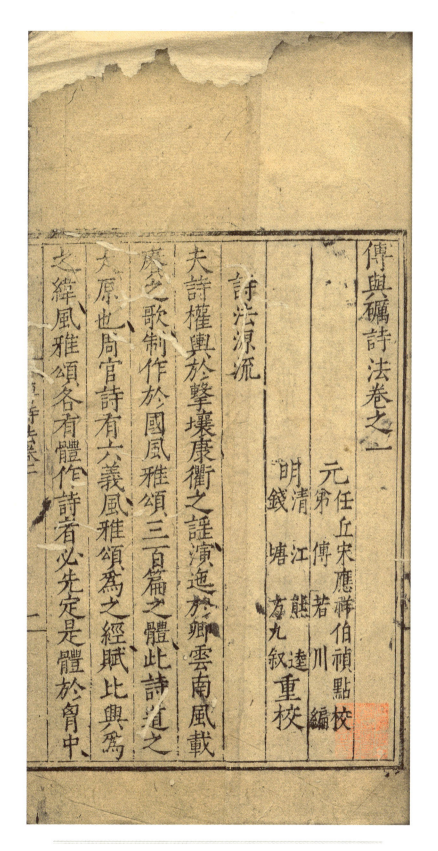

09542 傅與礪詩法四卷 （元）傅若金撰　明刻本

匡高20.1厘米，廣14.7厘米。半葉八行，行十九字，白口，四周雙邊。蘇州
圖書館藏。

西江詩法

涵虛子臞仙編

詩体源流

夫自鳳雅頌既泯一變而為離騷再變而為西漢五言三
變而為歌行雜體四變而為沈宋律詩五言起於李陵蘇
武古詩十九首或云枚乘作七言起於漢武柏梁四言起
於韋孟六言起於谷永 皆漢人 三言起於晉夏侯湛九言
起於高貴鄉公以時而論則有建安接其體一也正始體魏年號
子及鄴中七子黃初体魏年號建安接其體一也正始体魏年號
康阮籍諸人作 大康体晉年號左思潘岳二張二陸劉琨諸人詩是
也元嘉体 宋年號顏延年鮑明遠諸人詩 永明体齊年號齊梁

09543 西江詩法一卷 （明）朱權撰　明嘉靖十一年（1532）朱覲錬刻本

匡高21.6厘米，廣14.5厘米。半葉十二行，行二十二字，黑口，四周雙邊。
寧波市天一閣博物館藏。

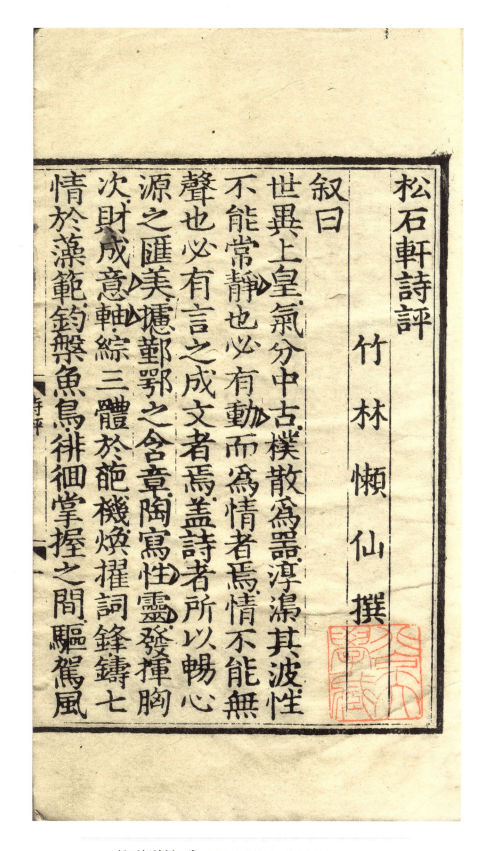

09544 松石軒詩評一卷 （明）朱奠培撰　明成化刻本

匡高17.2厘米，廣13.1厘米。半葉九行，行十七字，白口，四周雙邊。有"壹是堂讀書記"、"黃炎相印"、"黃琳美之"等印。北京大學圖書館藏。

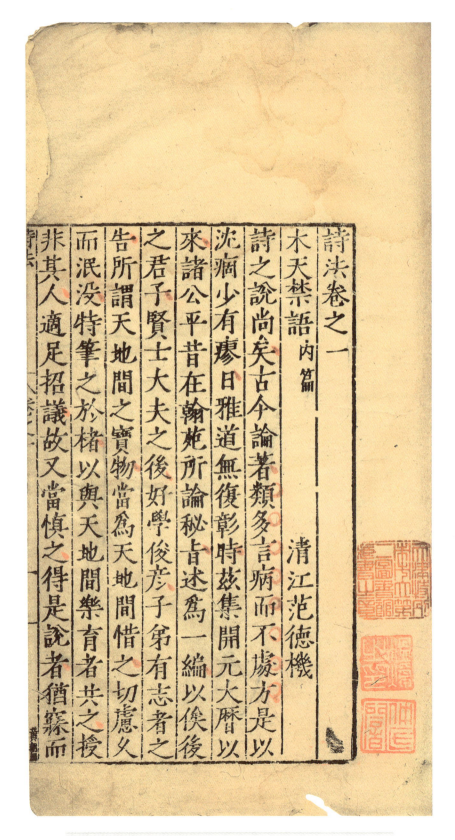

詩法卷之一

木天禁語 内篇

清江范德機

詩之說尚矣古今論著類多言病而不歲方是以
沈痾少有瘳日雅道無復彰時兹集開元大曆以
來諸公平昔在翰苑所論秘旨述爲一編以俟後
之君子賢士大夫之後好學俊彦子弟有志者之
告所謂天地間之寶物當爲天地間惜之切慮久
而泯没特筆之於楮以與天地間樂育者共之授
非其人適足招議故又當慎之得是說者猶縈而

09545 詩法五卷 （明）楊成輯　詩法源流三卷 （明）王用章輯　明

嘉靖刻本

匡高19.5厘米，廣11.8厘米。半葉九行，行十九字，白口，四周單邊。天津
圖書館藏。

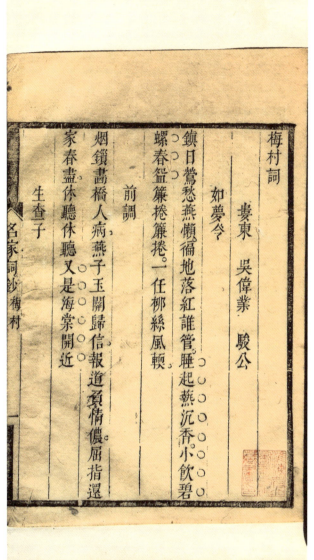

09546 百名家詞鈔□□□卷 （清）聶先　曾王孫編　清康熙金閶八詠

樓刻本

匡高18.8厘米，廣14.1厘米。半葉九行，行二十字，黑口，四周單邊。扉葉
有刻書署記。徐州市圖書館藏，存七十一家七十一卷。

09547 稼軒長短句十二卷 （宋）辛棄疾撰 （明）李濂評　明嘉靖十五年（1536）王詔刻本

匡高16.5厘米，廣12.4厘米。半葉九行，行二十字，白口，四周單邊。遼寧省圖書館藏。

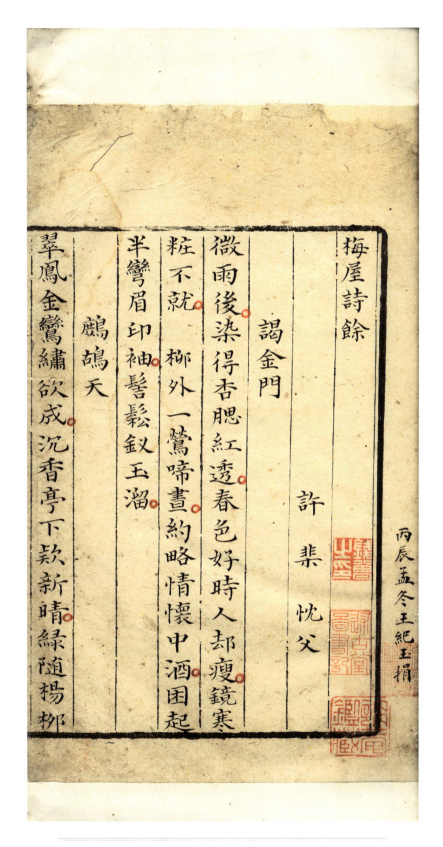

09548 梅屋詩餘一卷 （宋）許棐撰　**朱淑貞斷腸詞一卷** （宋）朱淑

貞撰　清初錢氏述古堂抄本

匡高19.1厘米，廣13.8厘米。半葉八行，行十八字，藍格，白口，左右雙

邊。章綬銜跋。有"錢曾之印"、"述古堂圖書記"等印。江蘇省常熟市圖

書館藏。

東齋詞畧卷一

嘉善魏允札州來著

同里柯　煜南陔選

丁桂芳雲士

丁策定文蔚編

臺城路

山翁一段徵吟興多應暗隨寒去縣擁余肥紙翻

帳薄醒處俄驚天曙時禽乍語喚隔歲春愁與人

重聚冷落孤蹤也還勝似老行旅　從頭數過四

09549 東齋詞畧四卷　（清）魏允札撰　清康熙活字印本

匡高21.2厘米，廣14.5厘米。半葉九行，行十九字，黑口，左右雙邊。首都
圖書館藏。

詩竹詞

長調

西圃小山薑稿

轉調選冠子華不注

二水遙分　孤峯深注　兀芙蓉橫翠爭嶸欲競窕　如含巒影遠　崒崒嶂　墮鳥道崎嶇屏牙巇峭螺髻

烟環麌巇　想金輿陳跡滃洄瀠瀉瀨一徃奔騰勢

曾业是太白登臨　詩篇慼吊勝地千秋永記青龍

霧遠白鹿　雲寒難湖赤松終始惟見花光黛色堆

藍凝碧遠　承霞綺　更山靈鍾秀文明四照華猿躌

秀葹雅与

題稱

過闍是石

畢竟三昧

西圃小山薑稿

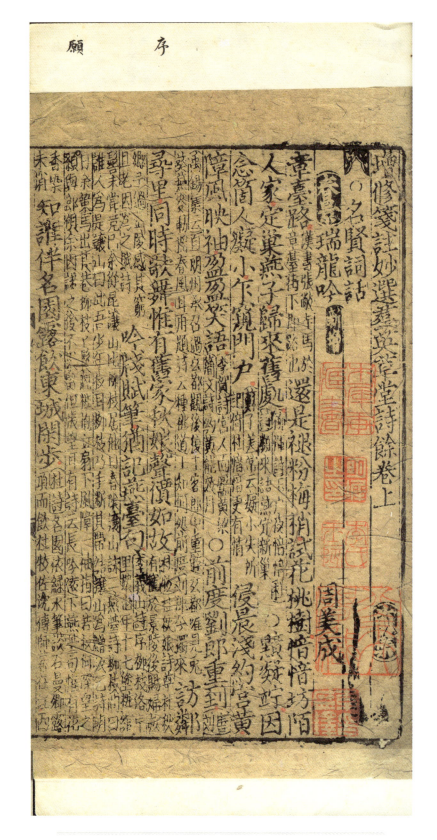

09551 增修箋註妙選羣英草堂詩餘前集二卷後集二卷 〔宋〕何士

信輯 明洪武二十五年（1392）遵正書堂刻本

匡高19.8厘米，廣13厘米。半葉十三行，行二十三字，小字雙行字不等，細
黑口，左右雙邊。有"明墀之印"、"木犀軒藏書"、"李印盛鐸"等印。
北京大學圖書館藏。

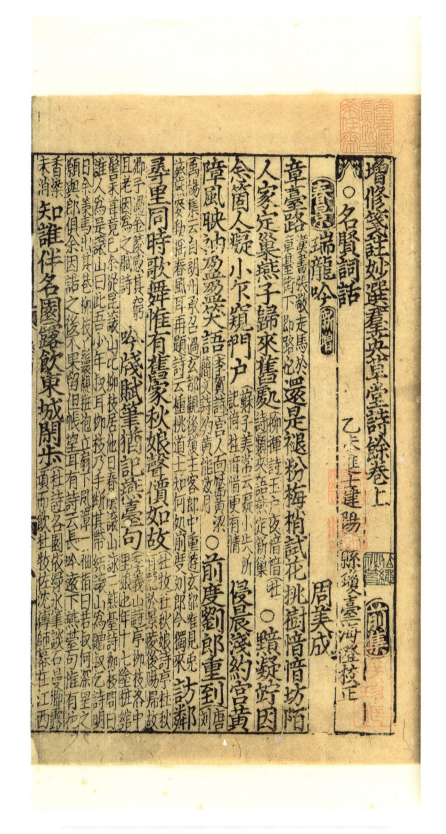

09552 增修箋註妙選羣英草堂詩餘前集二卷後集二卷 （宋）何士

信輯　明成化刻本

匡高20.4厘米，廣12.3厘米。半葉十三行，行二十三字，小字雙行字不等，

黑口，左右雙邊。有"黃淳耀"、"蘊生"、"伯繩祕笈"等印。國家圖書

館藏。

右葉

增修箋註妙選羣英草堂詩卷　後集

人物。名賢詞話

隱逸　滿江紅幽居

東里先生家何在。山陰溪曲。晋王獻字徽之。嘗居山陰。對一

川平野。杜詩星垂平野闊。數椽茅屋之堂居山陰　呂居仁

水清如玉抱小橋。冒柳參天。杜詩喬木　楂新緑桂芽。昨夜岡頭新雨過門前流

下採菊虛簷外蕭蕭竹李修窗謹有　蓬門得失是非榮辱古來今獨非杜詩

吾老草貧病縈懷有　須信人生歸去好。世間萬

是非又忘情任榮辱　事何時足問。此青春醞酒何如。詩為此春酒

以介眉壽

左葉

增脩箋註妙選羣英草堂詩餘卷之上

節序。羣英詞話

上元　瑞鶴仙上元應制　康伯可順卷

瑞煙浮禁苑。正絳闕春回。新正方半。冰輪桂華

滿溢花衢歌市。芙蓉開遍。王禹玉詩雪消華月

扇龍樓雨觀見銀燭星毬有爛捲珠簾　古詞室

開鷥山盡日笙歌盛集寶釵金釧。○堪羨綺羅叢

裏。古詞十里綺　蘭麝香中正宜遊觀。風柔夜暖。

花影乱笑聲喧。未東坡上元侍飲詩薄雪初銷野

對　羅春富貴　耕賣薪買酒看升平吾君勤野

09553 增修箋註妙選羣英草堂詩餘前集二卷後集二卷　（宋）何士
信輯　明荊聚刻本
匡高25.1厘米，廣16.1厘米。半葉九行，行十八字，黑口，四周雙邊。山西
博物院藏，存二卷。

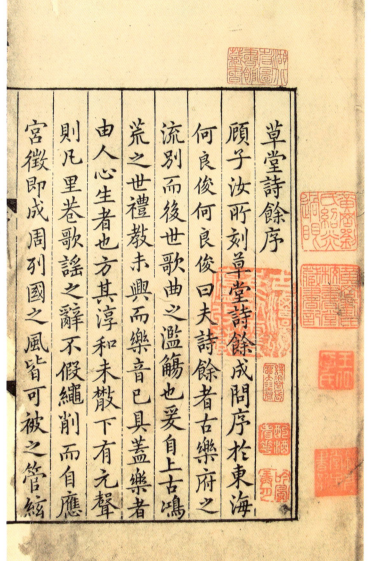

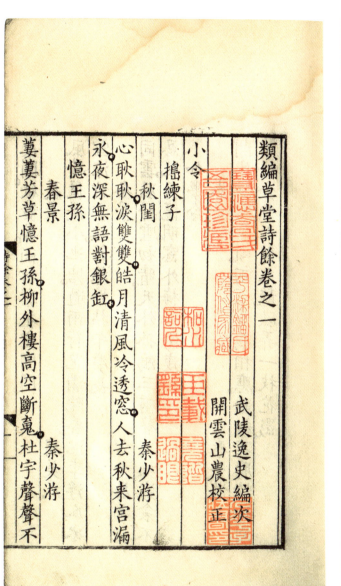

09554、09555 類編草堂詩餘四卷 （明）顧從敬編次　明嘉靖二十九年（1550）顧從敬刻本

匡高17.6厘米，廣12.2厘米。半葉十一行，行十九字，細黑口，左右雙邊。湖北省圖書館藏，有“古潭州袁臥雪廬收藏”、“黃岡劉氏紹炎過眼”等印；安徽省圖書館藏，有“寶應喬氏吾園珍藏”、“臣載鈐印”、“堯階過眼”等印。

草堂詩餘卷一

西蜀升菴楊慎批點

吳興文仲閔暎璧校訂

小令

搗練子 李後主有搗練子詞即詠搗練乃唐詞本體也

秋閨　　　　　　秦少游

心耿耿、淚雙雙皓月清風冷透牎人去秋來宮

漏永夜深無語對銀釭

草堂詩餘卷一

09556、09557 草堂詩餘五卷 （明）楊慎評點　明閔暎璧刻朱墨套印本

匡高20.5厘米，廣14.7厘米。半葉八行，行十八字，白口，四周單邊。遼寧省圖書館藏，有"萃閔堂所有書籍記"、"鄭鴻讀過書印"等印；揚州市圖書館藏。

詞的卷之一

小令

十六字令

明月影穿窗白玉錢無人弄移過枕函邊　　周邦彦

南歌子　　溫庭筠

手裏金鸚鵡胸前繡鳳皇偷眼暗形相不如從

09558 詞的四卷 （明）茅暎輯　明刻朱墨套印本

匡高19.9厘米，廣14.4厘米。半葉九行，行十八字，白口，四周單邊。遼寧
省圖書館藏。

御選歷代詩餘卷一　起十四字至二十八字

司經局洗馬掌局事兼翰林院修撰加二級臣王奕清奉

旨校刊

竹枝

一名巴渝詞唐人所作皆言蜀中風景如白居易劉禹錫作皆七言絕句此以二句十四字成調中註竹枝女兒字乃歌時摩和之聲猶采蓮曲之舉棹年少也後人填詞不拘蜀地但寫風景爲多耳

竹枝

　　　　　　　　　皇甫松

芙蓉並蔕竹枝一心連兒女花侵檻子竹枝眼應穿兒女

　　　　　　　　　皇甫松

前調　又一體

山頭桃花竹枝谷底杏兒女兩花窈窕竹枝遙相映兒女

十六字令

09559　御選歷代詩餘一百二十卷　（清）沈辰垣　王奕清等輯　清康熙四十六年（1707）內府刻本

匡高16.9厘米，廣11.6厘米。半葉十一行，行二十一字，白口，左右雙邊。山東省圖書館藏。

——310——

712454

詞譜卷一

竹枝

起十四字至二十八字

唐教坊曲名元郭茂倩樂府詩集云竹枝本出於巴渝唐貞元中劉禹錫在沅湘以里歌鄙陋乃依騷人九歌作竹枝新詞九章教里中兒歌之由是盛於貞元元和之間按劉禹錫竹枝詞引云竹枝巴歈也巴兒聯歌吹短笛擊鼓以赴節歌者揚袂睢舞其音協黃鍾羽但劉白詞俱無和聲今以皇甫松孫光憲詞作譜以有和聲也

竹枝　單調十四字

竹枝　兩句兩平韻

皇甫松

芙蓉並蒂　竹枝　一心連　女兒
花侵槅子　竹枝　眼應穿　女兒

尊前集載皇甫松竹枝詞六首皆兩句體平韻者五又韻者一每句第二字俱用平聲餘字平仄不拘所

09560、09561 詞譜四十卷　（清）王奕清等撰　清康熙五十四年（1715）

內府刻朱墨套印本

匡高19.5厘米，廣12.5厘米。半葉八行，行二十一字，小字雙行同，白口，四周雙邊。哈爾濱師範大學圖書館、遼寧省圖書館藏。

盛明雜劇

<table>
<tr><td>盛明雜劇</td><td></td><td>○
鬱輪袍</td><td>琊琊辰玉王</td></tr>
<tr><td></td><td></td><td></td><td></td></tr>
</table>

鬱輪袍

琊琊辰玉王　　衡宗　武林　長吉黃嘉惠閲

西湖林宗沈　泰評　　文甫周文憲

正目
王摩詰菴贗學士　　韓持國自在三公
喬秀才兩番錯認　　啞文字四面受攻

第一折

〔冲末扮岐王上〕江渚歌滕閣河間揮獻王交輝棠
棣蓴奕葉自相當則我今皇帝睿宗之子岐王鎗

辰玉滿腔憤懣借摩詰作題目故能言一巳所欲言暢世人所欲言禾暢闊此則參

09562 盛明雜劇三十卷 （明）沈泰編　明崇禎刻本

匡高20.6厘米，廣14.5厘米。半葉九行，行二十字，白口，左右雙邊。曹貞吉批校。王筠跋。山東省圖書館藏，存四卷。

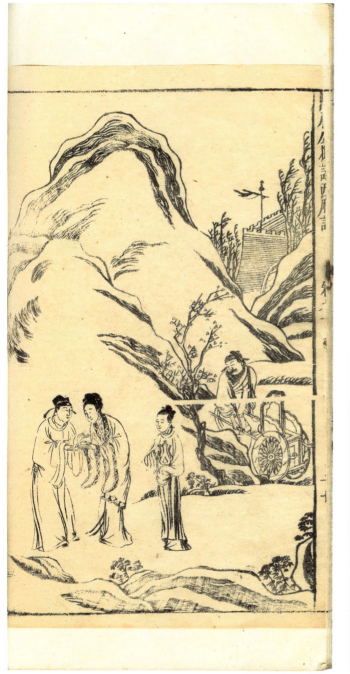

鼎鑴西廂記卷之上

雪間眉公　陳繼儒　評
一齋敬止　余文熙　閱
書林慶雲　蕭騰鴻　梓

第一齣　佛殿奇逢

夫人鶯紅歡郎上云老身姓鄭夫主姓崔官拜前朝相國不幸因病告俎秖生得這個小姐小字鶯鶯年一十九歲針指女工詩詞書算無不能者老相公在日曾許下老身之姪乃鄭尚書之長子鄭恒為妻因俺孩兒父喪未滿未得成合這小妮子是自幼伏侍孩兒的喚做紅娘這一個小廝兒喚做歡郎先夫棄世之後老身與女孩兒扶柩至博陵安葬因路途有阻不能得去來到河中府將靈柩寄在普救寺內這寺是則天娘娘香火院況兼法本長老又是俺相公剃度的因此俺就這西廂一壁寫書附京師去喚鄭恒來相扶回博陵去我一座宅子安下今日已至親只這三四口兒好生想先夫在日食前方丈從者數百

09563　**鼎鑴西廂記二卷**　（元）王德信　關漢卿撰　（明）陳繼儒評　明
書林蕭騰鴻刻本
匡高22.5厘米，廣14.5厘米。半葉十行，行二十六字，小字雙行同，上下兩欄，白口，四周單邊。武漢大學圖書館藏。

西廂記第一本　　　　元　王實甫　填詞

楔子

張君瑞鬧道塲雜劇

〔外扮老夫人上開〕老身姓鄭夫主姓崔官拜前
朝相國不幸因病告殂秪生得箇小姐小字鶯
鶯年一十九歲針黹女工詩詞書筭無不能者
老相公在日曾許下老身之姪乃鄭尚書之長

俗本躰止四折其有情多用句而不可不唱者以一二小令為之非賞花時即瑞正好口裂掉之以水機其取義也令人不知其解安去之而合之于第一折殊露王伯良謂猶南之詞曲亦未是劇躰止求旦外學四脚色故老夫人以必松令人姿以南躰律之易以老旦者誤詳九例中

西廂記一　　　　　　　　　一

09564　西廂記五卷　（元）王德信　關漢卿撰　（明）凌濛初評　解證五卷　（明）凌濛初撰　會真
記一卷　（唐）元積撰　附錄一卷　明凌濛初刻朱墨套印本
匡高20.2厘米，廣14.4厘米。半葉八行，行十八字，白口，左右雙邊。吉林大學圖書館藏。

補天石傳奇卷第二種第四種

〔揔圖〕

河梁歸

琵琶語

明月胡笳歸漢將

春風圖畫返明妃

〔目錄〕

鏡河梁歸　關凱

報書　　釋嫓　新廟　駐雲　嘯圖

墓封琵琶語　吼獅　歸壁　圓樂

二家評語慧心繡口皆能曲盡作者胷臆倘所謂借

他人酒杯澆自己塊壘者非耶爰竭二日之力補錄於

各闋之下以補朱同木桐年拈之所不及展几披覽如

接觀晉人風采相与上下其議論固不必播之管絃親

聆雅奏也

時在重光協洽斗柄甸寅識於善目懶為之室

09565　補天石傳奇八卷　（清）周樂清撰　稿本

呂恩湛、張綷跋。山東省圖書館藏。

琵琶記卷上
第一齣 副末開場

水調歌頭　秋燈明翠幕　夜案覽芸編　今來古往　其間故事
幾多般　少甚佳人才子　也有神仙幽怪　瑣碎不堪觀　正是
不關風化體　縱好也徒然　○論傳奇　樂人易　動人難　知音
君子　這般另作眼兒看　休論插科打諢　也不尋宮數調　只
看子孝共妻賢　正是驊騮方獨步　萬馬敢爭先　問內在
傅。今日敷演誰家故事。那本傳奇　內藏科三　不從琵琶
記。云原來是這本傳奇　待小子略道幾句家門便 …
藏文
大意

恁園春趙女姿容　蔡邕文業　兩月夫妻　奈朝廷黃榜遍招

09566 琵琶記三卷 （元）高明撰　釋義一卷　明刻本

匡高21.1厘米，廣13.9厘米。半葉十行，行二十二字，小字雙行同，白口，
四周單邊。蘇州博物館藏。

金印記

衣錦還鄉 古風韻

貴人昔未貴言願顧寒微及 弋腔

末扮蘇三老戴紗帽穿圓領束帶從上場門上白

自登樞要何曾問布衣姪兒同去探取父娘兄嫂不知

一家怎生待他且待來時便知分曉 中場設椅轉場坐科雜扮四儀從各

戴馬夫巾穿箭袖卒褌引生扮蘇泰戴樸頭穿蟒束帶執綠鞭從上場門上唱

南呂 生查子 宮引 金應已懸腰 喜遂平生願 韻 馬足與

車塵 羞拜何顏見 句 韻作到下馬科二儀從作牽馬從 上場門下二儀從隨蘇泰作進

衣錦還鄉

二

09567 衣錦還鄉一卷恩榮爵秩一卷　清內府四色抄本

匡高21.5厘米，廣13.7厘米。半葉八行，行二十一字，小字雙行同，白口，
四周雙邊。南京市博物館藏。

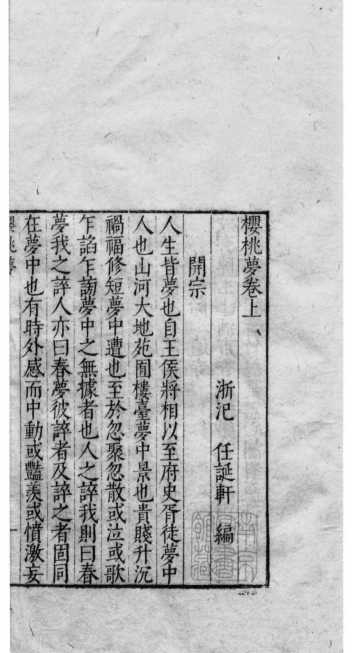

09568 櫻桃夢二卷 （明）陳與郊撰　明萬曆四十四年（1616）刻本

匡高15.2厘米，廣10.9厘米。半葉九行，行十八字，白口，四周單邊。有
"萬曆丙辰修玄之季海昌陳氏繪像鏤板"牌記。南京圖書館藏。

09569 勸善金科十本二十卷首一卷（清）張照等撰　清乾隆内府刻五色套印本

匡高21.1厘米，廣15.2厘米。半葉八行，行二十二字，白口，四周雙邊。山東省圖書館藏。

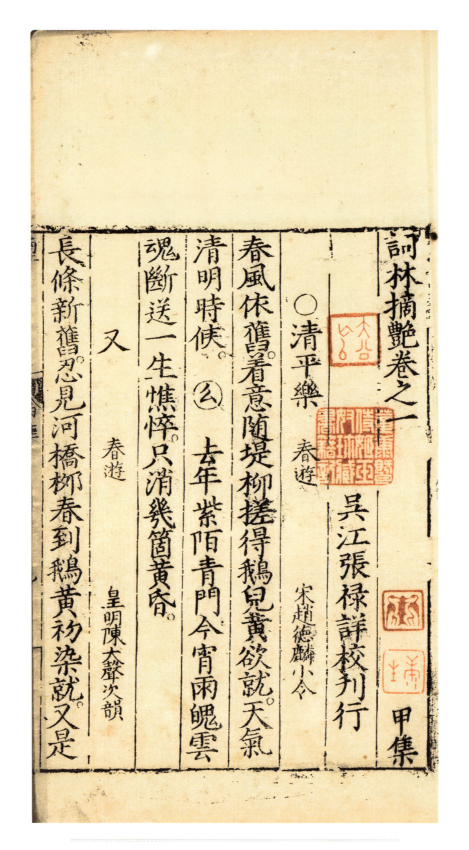

09570 詞林摘豔十卷 （明）張禄輯　明嘉靖三十年（1551）徽藩刻本

匡高19.2厘米，廣14.2厘米。半葉八行，行十八字，白口，四周單邊。有
"曾在董氏誦芬室中"、"董氏祕笈之印"、"毘陵董康鑒定金石書籍之
印"、"至菴幵人"、"席氏積書堂記"等印。中國藝術研究院圖書館藏。

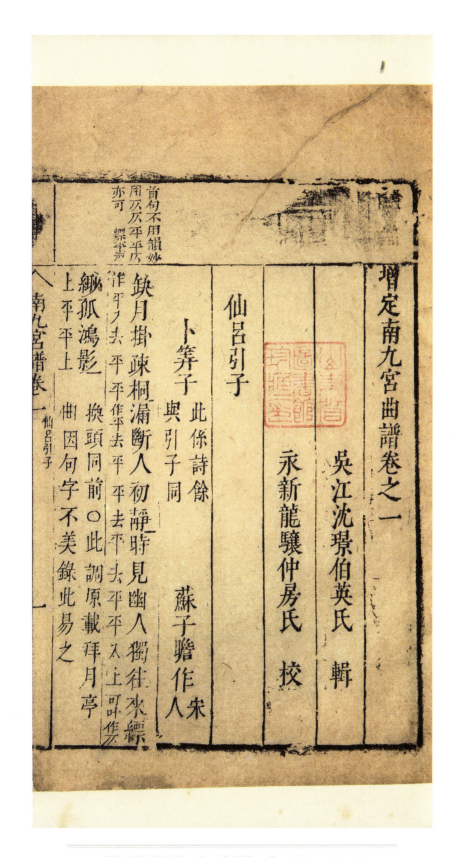

09571 增定南九宮曲譜二十一卷附錄一卷 （明）沈璟撰　明刻本

匡高21厘米，廣14.5厘米。半葉七行，行十八字，小字雙行同，上下兩欄，
白口，四周單邊。山東省圖書館藏。

曲譜卷一

北黃鍾宮正宮　大石調小石調　其音富貴纏綿

黃鍾宮

醉花陰

舒　四象方居　無始之先道何祖　太極初分上古　兩儀判　混元

一氣為天地母

丹丘先生　散套

喜遷鶯　同前

日月轉旋樞　清濁肇三才自鼎扶　節候有溫涼寒

暑　黃鍾子建陽初　巍乎　仰太虛　萬物群生布

09572　曲譜十二卷首一卷末一卷　（清）王奕清等撰　清康熙內府刻朱墨套印本

匡高19.3厘米，廣12.5厘米。半葉八行，行二十一字，白口，四周雙邊。遼寧省圖書館藏。

新定九宮大成南詞宮譜卷之一

編輯　周祥鈺

　　　鄒金生

參定　徐應龍

　　　朱廷鏐

分纂　徐典華

　　　王文祿

校閲　朱廷璋

　　　藍　畹

仙呂宮引

奉時春

日麗風和布艷陽韻　籠紫闕瑞雲搖漾韻　月令承應

九宮大成南詞宮譜　卷一　仙呂宮引

09573　新定九宮大成南北詞宮譜八十一卷閏一卷總目三卷　﹝清﹞

周祥鈺　鄒金生等輯　清乾隆十一年﹝1746﹞允禄刻朱墨套印本

匡高22.8厘米，廣15.6厘米。半葉七行，行十六字，白口，四周雙邊。山東
省圖書館藏。

中原音韻正語作詞起例

一音韻不能盡攻廣韻如崆峒之崆要
駕之要侹倯之侹鵤鴣之鵤字之類
皆不可施於詞之韻腳毋譏其不備

一麗消呼爲麗堅泉堅、而始流可乎
陶淵明呼爲陶烟明魚躍于烟可乎

一堆兒爲一醉兒捲起千醉聲平雪
可乎羊尾子爲羊猗子吳頭楚猗可
乎來也未爲来也異辰巳午異可乎

09574 中原音韻二卷 （元）周德清撰　明錢穀抄本

匡高20.7厘米，廣14.1厘米。半葉九行，行十七字，藍格，白口，四周單
邊。四川師範大學圖書館藏，存中原音韻正語作詞起例前部分。

附錄
稽康詩云翩翩
鳳轄逢此綢羅

續齊諧記

○金鳳凰

漢宣帝以皁蓋車二乘賜大將軍霍光悉以金鈒

其至夜車轄上金鳳凰輒亡去莫知所之至曉乃

還如此非一守車人亦嘗見後南郡黃君仲北山

羅鳥得鳳凰入手即化成紫金毛羽冠翅宛然具

足可長尺餘守車人刻上云今月十二日夜車轄

虞初志卷一　續齊諧記　一

梁吳　均

09575 虞初志七卷 （明）袁宏道評　明凌性德刻朱墨套印本

匡高21.2厘米，廣14.2厘米。半葉八行，行十九字，白口，四周單邊。"呂
海寰印"、"萃閱堂所有書籍記"等印。遼寧省圖書館藏。

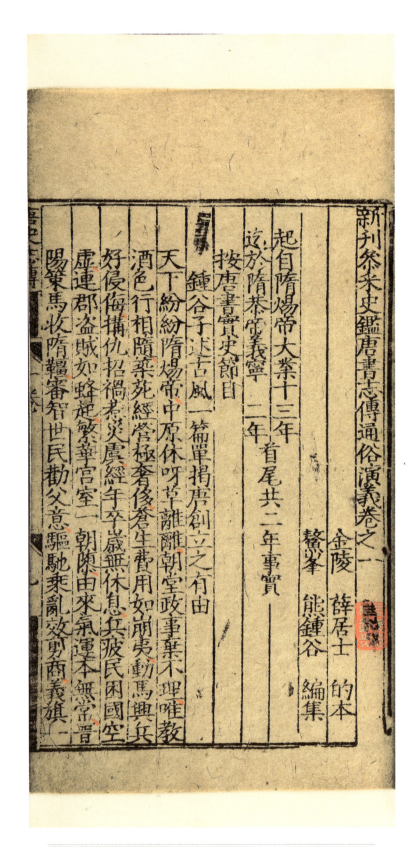

09576 新刊參采史鑑唐書志傳通俗演義八卷 （明）熊大木撰　明嘉

靖三十二年（1553）書林楊氏清江堂刻本

匡高18.9厘米，廣12.8厘米。半葉十二行，行二十五字，黑口，四周雙邊。

國家圖書館藏。

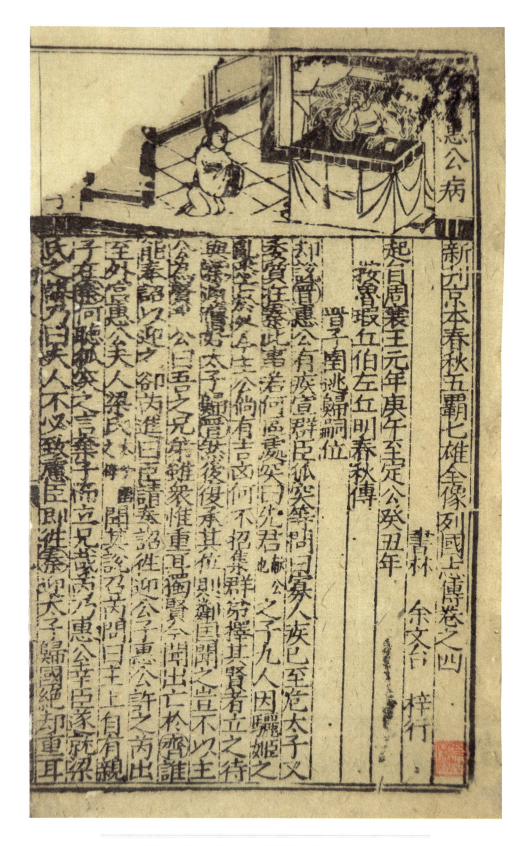

09577 新刊京本春秋五霸七雄全像列國志傳八卷 （明）余邵魚撰

明萬曆書林余文台刻本

匡高21.2厘米，廣12.5厘米。半葉十四行，行二十四字，上下兩欄，上圖
下文，上白口下黑口，四周雙邊。慕湘跋。山東省蓬萊市文化局慕湘藏書館
藏，存二卷。

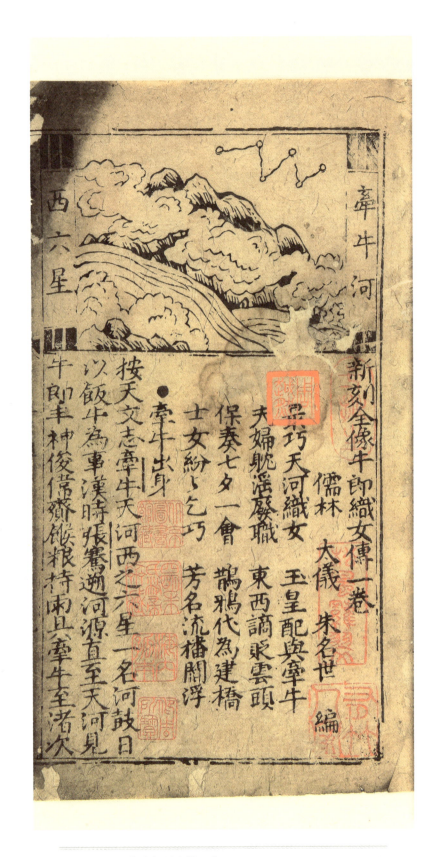

09578 新刻全像牛郎織女傳四卷 （明）朱名世撰 明書林余成章刻本

匡高21.2厘米，廣12.1厘米。半葉十行，行十七字，上下兩欄，白口，四周
雙邊。有"四明朱氏敝帚齋藏"、"周越然"等印。國家圖書館藏。

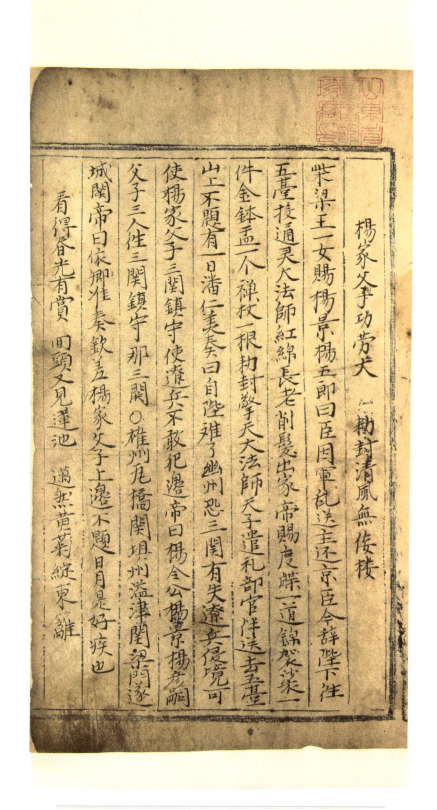

09579 楊家將不分卷　明抄本

匡高20.9厘米，廣13.6厘米。半葉九行，行字不等，藍格，白口，四周雙
邊。山東省圖書館藏。

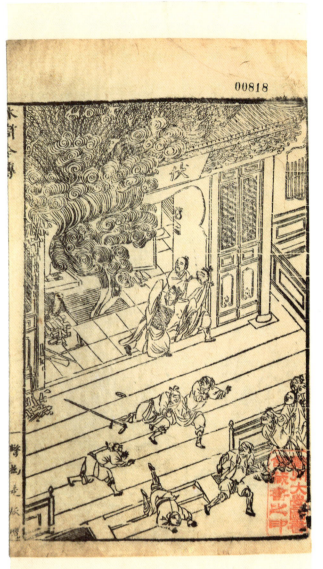

忠義水滸全書

第一回　張天師祈禳瘟疫　洪太尉誤走妖魔

話說大宋仁宗天子在位嘉祐三年三月三日、五更三點，天子駕坐紫宸殿，受百官朝賀。但見：

祥雲迷鳳閣，瑞氣罩龍樓。含煙御柳拂旌旗，帶露宮花迎劍戟。天香影裏，玉簪朱履聚丹墀；仙樂聲中，繡襖錦衣扶御駕。珍珠簾捲，黃金殿上現金輿；鳳刎扇開，白玉堦前停寶輦。隱隱淨鞭三下響，層層文武兩班齊。

當有殿頭官喝道：「有事出班早奏，無事捲簾退朝。」只見班

09580、09581　**忠義水滸全書一百二十回**　（元）施耐庵撰　（明）羅本纂修　（明）李贄評　**宣和遺事一卷**　明末郁郁堂刻清修本

匡高20.6厘米，廣14.2厘米。半葉十行，行二十二字，白口，四周單邊。天津圖書館藏；鄭州大學圖書館藏，扉葉有刻書署記。

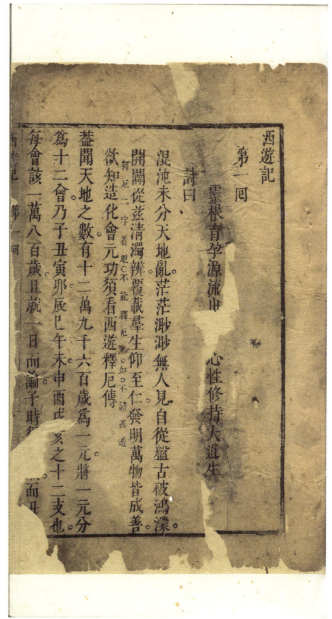

09582 李卓吾先生批評西遊記一百回 （明）吳承恩撰 明刻本

匡高22.5厘米，廣14厘米。半葉十行，行二十二字，白口，四周單邊。河南
省圖書館藏。

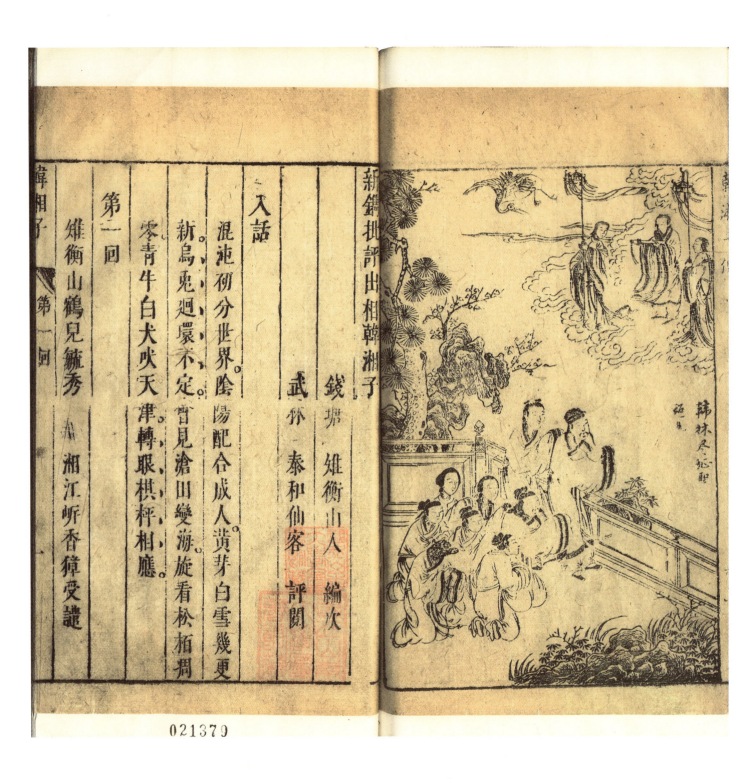

09583 新鐫批評出相韓湘子三十回 （明）楊爾曾撰 明天啓武林人文

聚刻本

匡高20.3厘米，廣13.4厘米。半葉九行，行二十字，白口，四周單邊。扉葉

有刻書署記。山東大學圖書館藏。

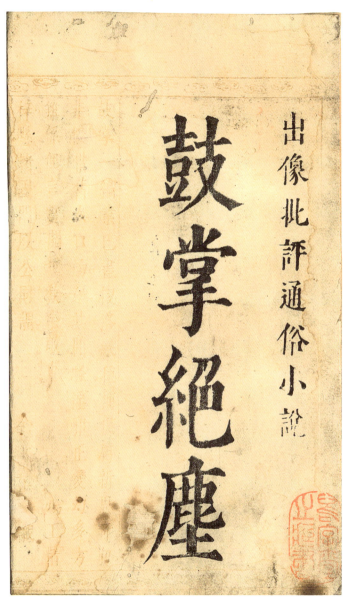

09584　新鑴出像批評通俗小說鼓掌絕塵四集四十回　題（明）金木
散人編　明崇禎刻本
匡高20.7厘米，廣13.5厘米。半葉九行，行二十字，白口，四周單邊。大連
圖書館藏。

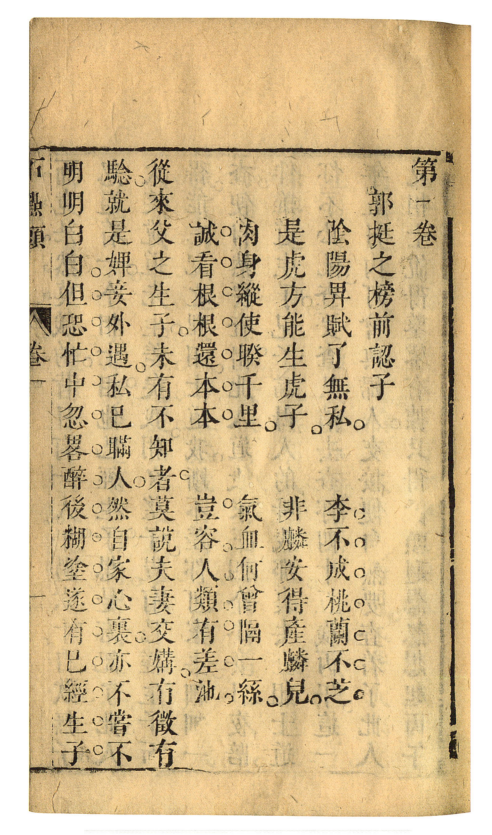

第一卷

郭挺之榜前認子

陰陽昇賦了無私。
是虎方能生虎子。
誠看根根還本本。
從來父之生子。未有不知者。豈容人類有差池。
驗就是娉妾外遇私已瞞人。然自家心裏亦不嘗不
明明白自但恐忙中忽暮醉後糊塗遂有已經生子

肉身縱使聯千里。
非麟安得產麟兒。
李不成桃蘭不芝
氣血何曾隔一絲。
莫說夫妻交媾有徵有

石點頭　卷一

09585　**石點頭十四卷**　題（明）天然癡叟撰　（明）馮夢龍評　明末金閶
葉敬池刻遞修本
匡高19.5厘米，廣14厘米。半葉九行，行二十字，白口，四周單邊。大連圖
書館藏。

鍾伯敬先生原評

開闢演義

新刻按鑑編纂開闢衍繹通俗志傳卷一

五岳山人周　游仰止集

靖竹居士王　黌子承釋

盤古氏開天闢地第一回

開闢衍繹　卷一

邵康節曰天始開於子復卦也子歷一萬八
百年爲一會丑歷一會地始成日地闢於丑
臨卦也寅歷一會人始生日開物於寅泰卦
也周十二宮一十二萬九千六百年爲一元
終坤卦也又是一箇大圜闔謂元始至終更

09586 新刻按鑑編纂開闢衍繹通俗志傳六卷八十回 （明）周游撰

（明）王黌釋　明崇禎八年（1635）刻清書林古吳麟瑞堂重修本

匡高19.5厘米，廣13.5厘米。半葉九行，行十八字，白口，四周單邊。扉葉
有刻書署記。大連圖書館藏。

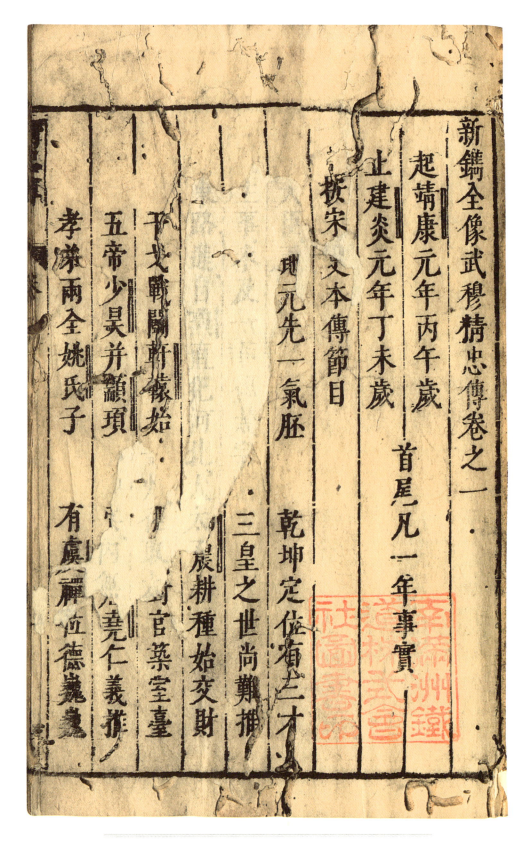

09587 新鐫全像武穆精忠傳八卷 （明）李贄評　明萃錦堂刻本

匡高20厘米，廣14.5厘米。半葉十行，行二十字，白口，四周單邊。扉葉有
刻書署記。大連圖書館藏。

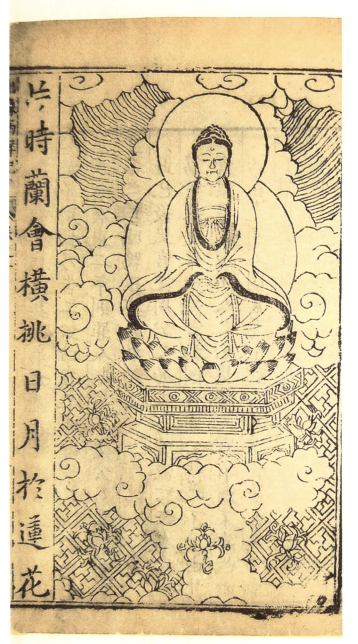

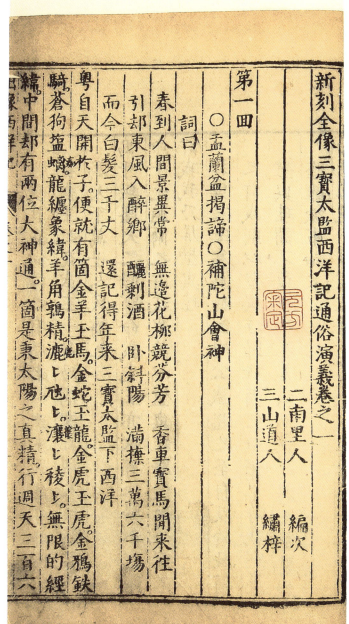

09588 新刻全像三寶太監西洋記通俗演義二十卷一百回 （明）

羅懋登撰　明三山道人刻本

匡高21.7厘米，廣14.1厘米。半葉十二行，行二十五字，白口，四周雙邊。

中國書店藏。

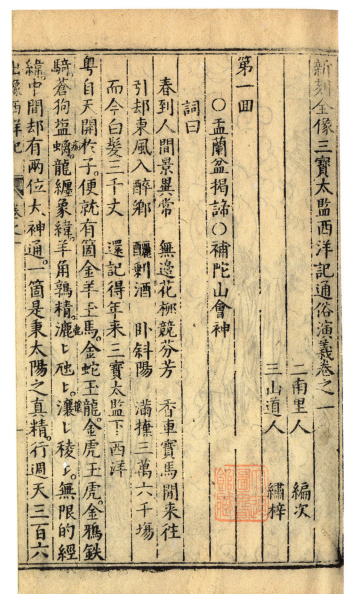

09589 新刻全像三寶太監西洋記通俗演義二十卷一百回（明）

羅懋登撰　明三山道人刻清初步月樓重修本

匡高21.5厘米，廣14.2厘米。半葉十二行，行二十五字，白口，四周雙邊。

扉葉有刻書署記。大連圖書館藏。

新鐫警世陰陽夢卷之

長安道人國清編次

引首

金烏西去月生東　百歲光陰苦樂中

碌碌不知身在夢　到來萬事轉頭空

話說人生在世間是一場大夢自那王侯將相

以至士民吏役都是夢中的人山河大地苑圍

樓臺都是夢中的景貴賤升沉窮通壽夭道是

09590　新鐫警世陰陽夢十卷四十回　題（明）長安道人國清撰　明崇禎元年（1628）刻本
匡高21.8厘米，廣13.5厘米。半葉八行，行十八字，白口，四周單邊。扉葉有刻書署記。大連圖書館藏。

新鐫批評出像通俗奇俠禪真逸史乾集卷之一

清溪道人編次

心心僊侶評訂

第一回

詩曰

高丞相直諫鬭邪　　林將軍急流勇退

魏帝逃禪建法幢、　諸臣婚宦王激忠良、

縱橫鐵騎人難敵、　姤直金鑒表莫當、

不肖遊田殘稼穡、　英雄骯髒屬窮閻、

禪真逸史　第一回　　一

09591　新鐫批評出像通俗奇俠禪真逸史八集四十回　（明）方汝浩撰

清初爽閣刻本

匡高21厘米，廣14.6厘米。半葉九行，行二十二字，白口，四周單邊。大連圖書館藏。

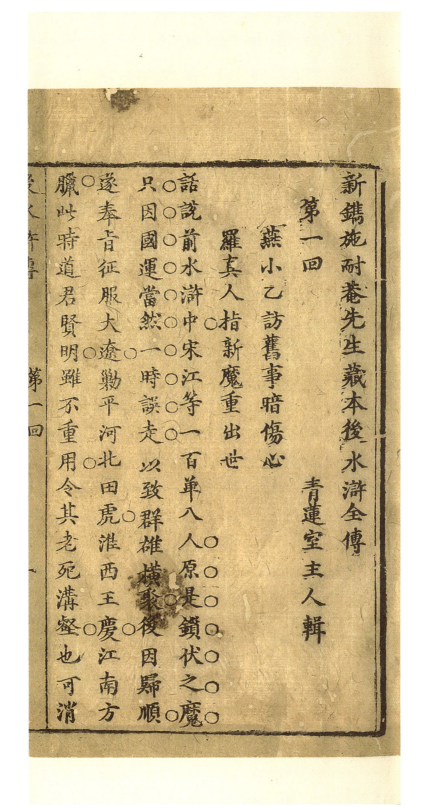

09592 新鐫施耐菴先生藏本後水滸全傳四十五回 題青蓮室主人輯

清初刻本

匡高19厘米，廣12厘米。半葉八行，行二十字，白口，左右雙邊。大連圖書館藏。

多病長命不猶門庭之淒寂則冷淡如僧筆墨之耕耘則蕭條似缽每

搔頭自念勿亦面壁人果是吾前身耶蓋有漏根因未結人天之果而隨

風蕩墮竟成藩溷之花茫茫六道何可謂無其理哉獨是子夜熒熒燈

昏欲蕊蕭齋瑟瑟案冷疑冰集腋為裘妄續幽冥之錄浮白載筆僅

成孤憤之書寄託如此亦足悲矣嗟乎驚霜寒雀抱樹無溫弔月秋蟲

偎闌自熱知我者其在青林黑塞間乎康熙己未春日

聊齋志異一卷

考城隍

予姊丈之祖宋公諱燾邑廩生一日病臥見吏人持牒牽白顛馬來云請赴

試公言文宗未臨何遽得考吏不言但敦促之公力疾乘馬從去路甚生疏至

一城郭如王者都移時入府廨宮室壯麗上坐十餘官都不知何人惟關壯繆

可識檐下設几墩各二先有一秀才坐其末公便與連肩几上各有筆札俄題

紙飛下視之八字云一人二人有心無心二公文成呈殿上公文中有云有心為善

雖善不賞無心為惡雖惡不罰諸神傳贊不已召公上諭曰河南缺一城隍君

稱其職公方悟頓首泣曰辱膺寵命何敢多辭但老母七旬奉養無人請得

新世鴻勳

引首詞。

蓬蒿子編。

大清開國皇仁布善和風甘露彩鳳呈祥靈鰲獻瑞、

咸歌遭遇。○歡瀟池鼎沸傾明祚笑枉作鎮張空

這一首詞名為賀聖朝前半篇稱

使得个下民怨恨上天震怒

大清開國之盛

聖主當陽官清吏治萬民樂業熙皞上皞、如、際唐虞、

新世鴻勳 第一回

09594 新世鴻勳二十二回　題（清）蓬蒿子編　清順治慶雲樓刻本

匡高20.5厘米，廣12厘米。半葉九行，行二十字，白口，四周單邊。大連圖書館藏。

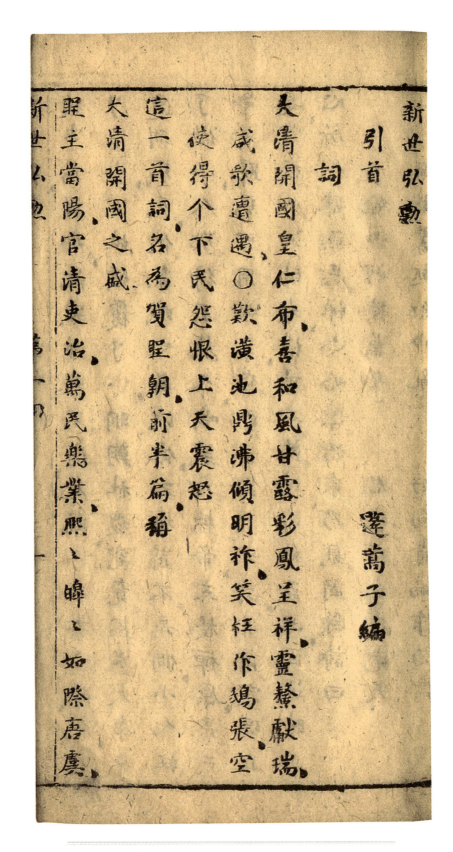

09595 新世弘勳二十二回　題（清）蓬蒿子編　清初載道堂刻本

匡高20厘米，廣12厘米。半葉九行，行二十字，白口，四周單邊。扉葉有刻書署記。大連圖書館藏。

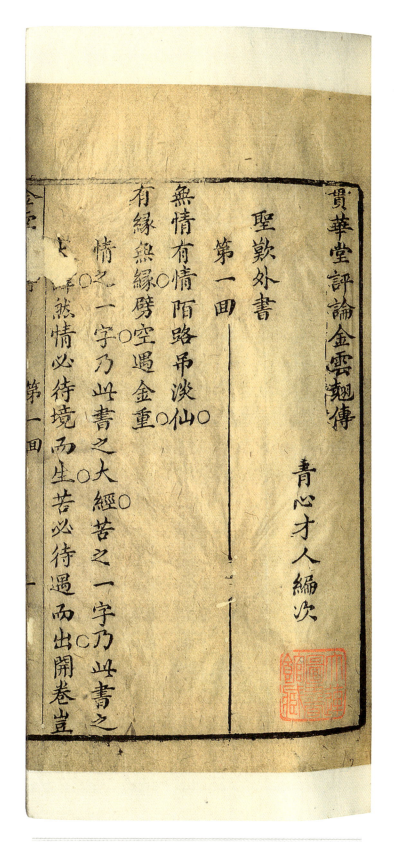

貫華堂評論金雲翹傳 青心才人編次

聖歎外書

第一回

無情有情陌路弔淡仙○

有緣無緣劈空遇金重○

情之一字乃此書之大經苦之一字乃此書之

大經苦之一字乃此書之

然情必待境而生苦必待遇而出開卷豈

09596 貫華堂評論金雲翹傳四卷二十回 題（清）青心才人撰 清初刻本

匡高18.5厘米，廣11.5厘米。半葉八行，行二十字，白口，四周單邊。扉葉有刻書署記。大連圖書館藏。

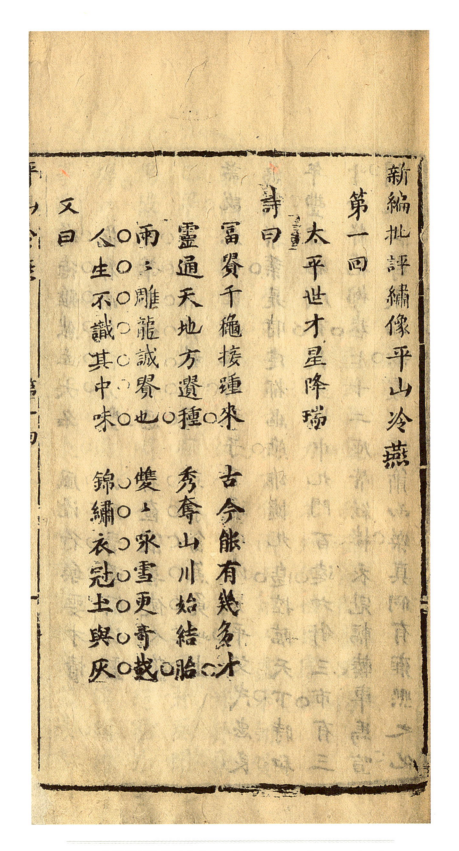

09597 新編批評繡像平山冷燕二十回 題〔清〕荻岸散人編次 清初

刻本

匡高19厘米，廣11.8厘米。半葉九行，行二十字，白口，四周單邊。大連圖
書館藏。

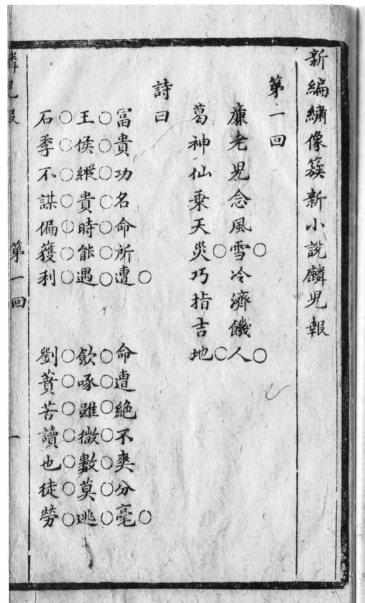

新編繡像簇新小説麟兒報

第一回

廉老兒念風雪冷濟饑人〇
葛神仙秉天災巧指吉地〇

詩曰

富貴功名命所遭〇
王侯縹貴時能遇〇
石季不謀偏獲利〇

命遭絶不爽分毫〇
欽啄雖微數莫逃〇
劉蕡苦讀也徒勞〇

09598 **新編繡像簇新小説麟兒報十六回**　清刻本

匡高19.5厘米，廣12.5厘米。半葉八行，行二十字，白口，四周單邊。大連
圖書館藏。

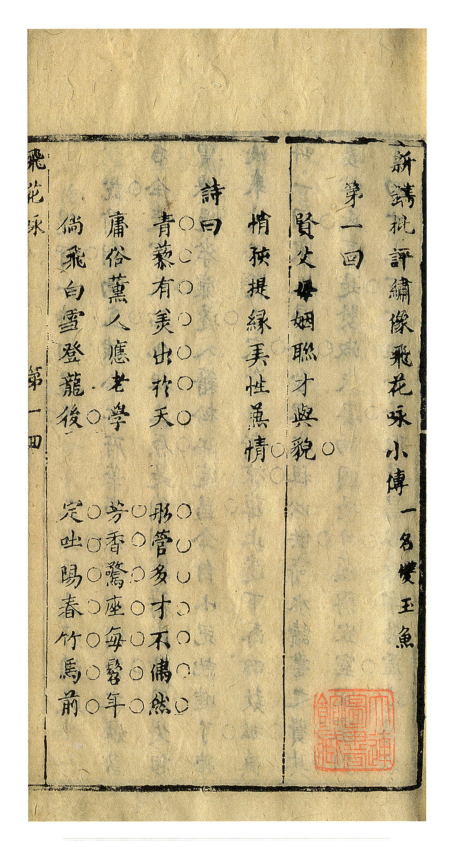

09599 新鐫批評繡像飛花咏小傳十六回 清初刻本

匡高18.6厘米，廣11.8厘米。半葉八行，行二十字，白口，四周單邊。扉葉
有刻書署記。大連圖書館藏。

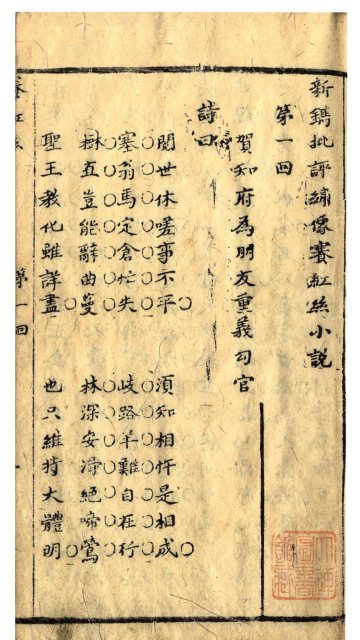

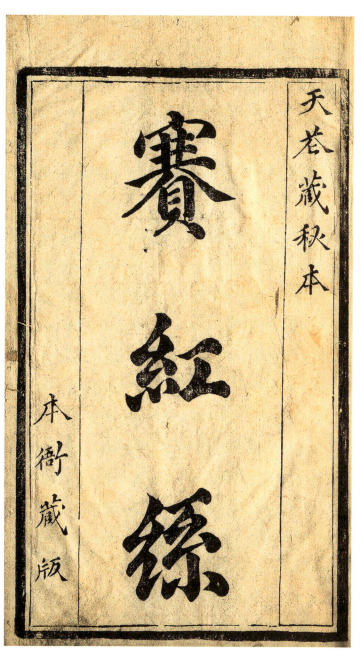

09600 新鎸批評繡像賽紅絲小説十六回　清初刻本

匡高19.5厘米，廣12厘米。半葉八行，行二十字，白口，左右雙邊。扉葉有
刻書署記。大連圖書館藏。

新編繡像畫圖緣小傳

第一回

　山蠻亂下詔求賢

　土神靈贈書破賊

詩曰

聖自聖兮凡自凡

豺狼賦性千般詐

仁義稍疎先作梗

従來天不滿東南○

蜂薑為心一味頑○

兵威大盛始知憨

畫圖緣傳　第一回

一

09601 新編繡像畫圖緣小傳十六回　清刻本

匡高19.5厘米，廣12厘米。半葉八行，行二十字，白口，四周單邊。大連圖
書館藏。

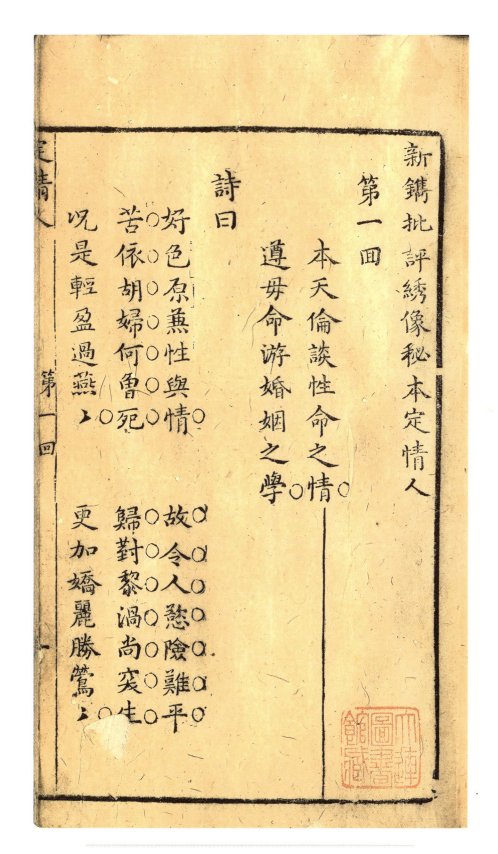

09602 新鐫批評繡像秘本定情人十六回　清初刻本

匡高18.5厘米，廣11.7厘米。半葉八行，行二十字，白口，四周單邊。扉葉有刻書署記。大連圖書館藏。

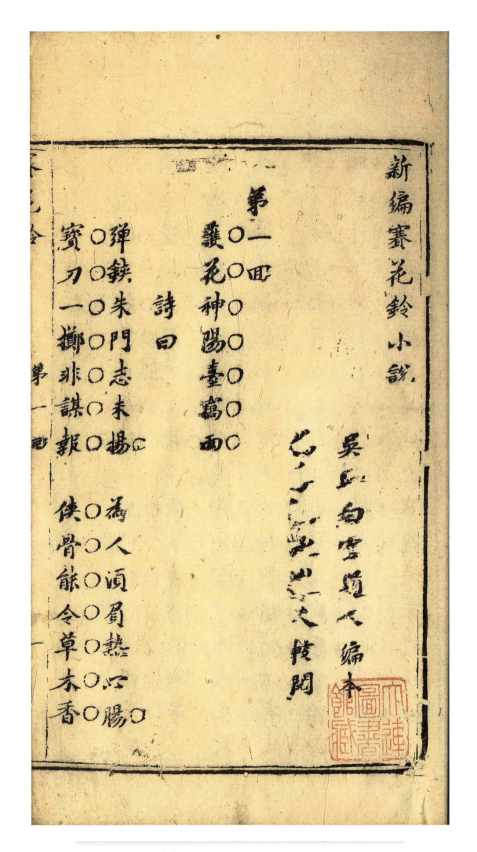

09603　新編賽花鈴小說十六回　題（清）白雲道人撰　清康熙刻本

匡高18厘米，廣11.7厘米。半葉八行，行十八字，白口，四周雙邊。有刻書
牌記。扉葉有刻書署記。大連圖書館藏。

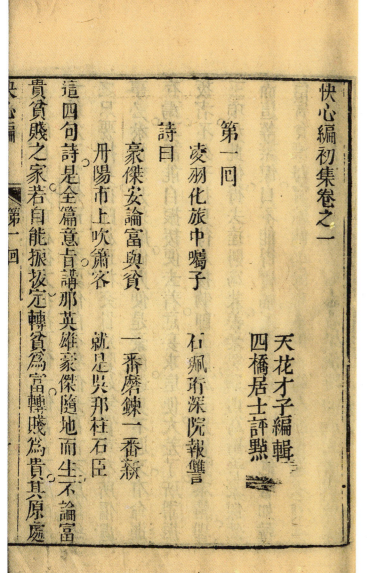

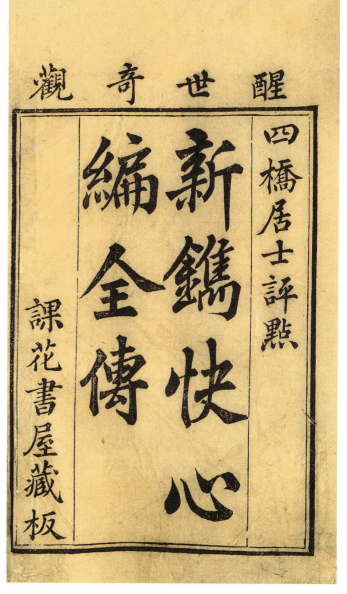

09604、09605 快心編初集五卷十回二集五卷十回三集六卷十二回

題（清）天花才子編輯 （清）四橋居士評 清課花書屋刻本

匡高19.5厘米，廣14厘米。半葉十行，行二十二字，白口，四周單邊或左右

雙邊。遼寧省圖書館、大連圖書館藏。

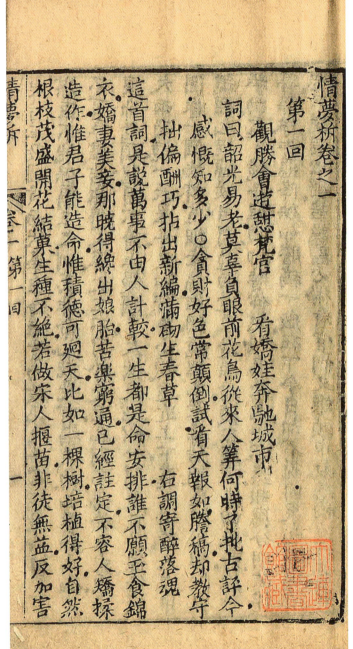

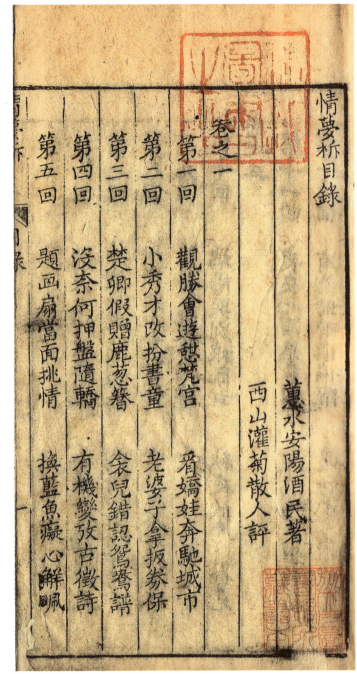

09606 情夢柝四卷二十回 （清）安陽酒民撰 （清）灌菊散人評 清康

熙嘯花軒刻本

匡高18.5厘米，廣11厘米。半葉十行，行二十五字，白口，四周單邊。扉葉

有刻書署記。大連圖書館藏。

紅樓夢第一回

甄士隱夢幻識通靈　賈雨村風塵懷閨秀

此開卷第一回也作者自云曾歷過一番夢幻之後故將真事
隱去而借通靈說此石頭記一書也故曰甄士隱云云但書中
所記何事何人自己又云今風塵碌碌一事無成忽念及當日
所有之子女一一細考較去覺其行止見識皆出我之上我堂
堂鬚眉誠不若彼裙釵我實愧則有餘悔又無益大無可如何
之日也當此日欲將已往所賴天恩祖德錦衣紈褲之時飫甘
饜肥之日背父兄教育之恩負師友規訓之德以致今日一技
無成半生潦倒之罪編述一集以告天下知我之負罪固多然

紅樓夢〈第一回〉

09607　紅樓夢一百二十回　（清）曹霑撰　（清）高鶚增訂　清乾隆五十六
年（1791）萃文書屋活字印本（程甲本）
匡高17.2厘米，廣11.6厘米。半葉十行，行二十四字，白口，四周雙邊。張
汝執跋。國家圖書館藏，存八十回。

紅樓夢第一回

甄士隱夢幻識通靈　賈雨村風塵懷閨秀

此開卷第一回也作者自云曾歷過一番夢幻之後故將真事隱去而借通靈說此石頭記一書也故曰甄士隱云但書中所記何事何人自己又云今風塵碌碌一事無成忽念及當日所有之女子一一細考較去覺其行止見識皆出我之上我堂堂鬚眉誠不若彼裙釵我實愧則有餘悔又無益大無可如何之日也當此日欲將已往所賴天恩祖德錦衣紈袴之時飫甘饜肥之日背父兄教育之恩負師友規訓之德以致今日一技無成半生潦倒之罪編述一集以告天下知我之負罪固多然

09608-09610　紅樓夢一百二十回　（清）曹霑撰　（清）高鶚增訂　清乾隆五十七年（1792）萃文書屋活字印本（程乙本）

匡高17.2厘米，廣11.8厘米。半葉十行，行二十四字，白口，四周雙邊。國家圖書館藏；天津圖書館藏，有"李印盛鐸"、"木齋"等印；雲南省圖書館藏。

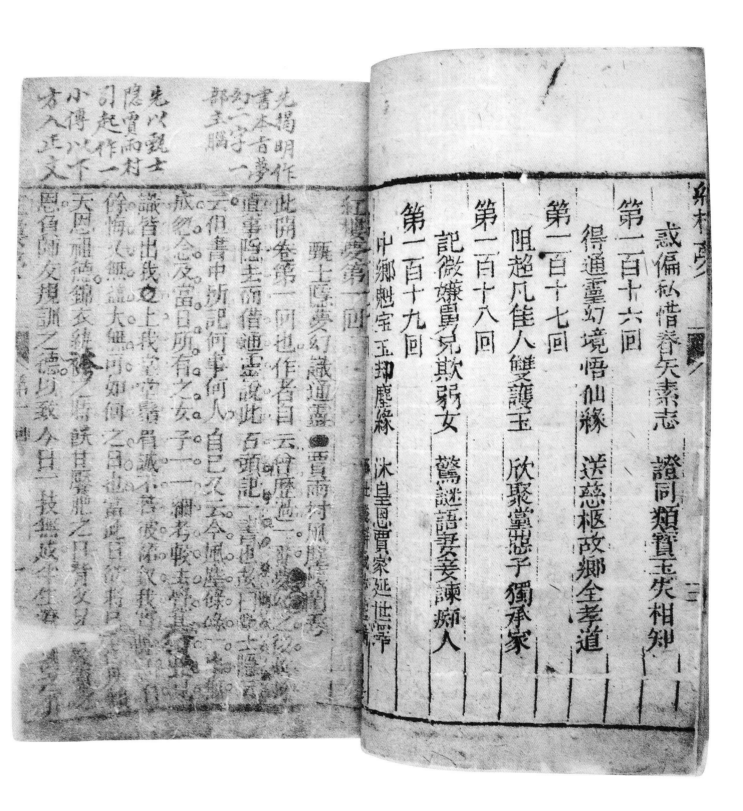

09611 紅樓夢一百二十回　〔清〕曹霑撰　〔清〕高鶚增訂　清刻本

匡高14厘米，廣10厘米。半葉十行，行二十二字，白口，四周單邊。郭種德
批校。王獻唐跋。山東省平原縣圖書館藏。

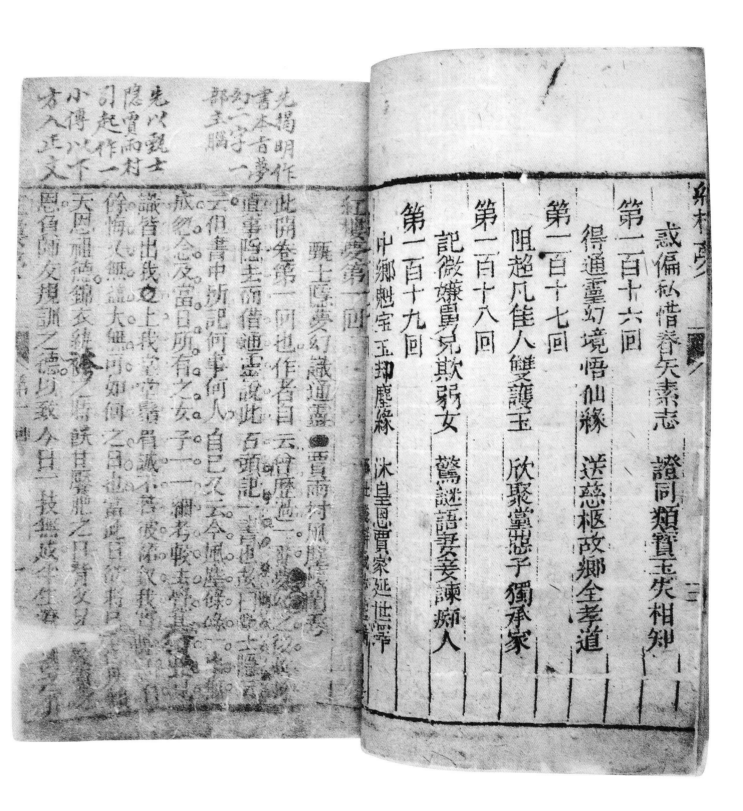

09611 紅樓夢一百二十回　〔清〕曹霑撰　〔清〕高鶚增訂　清刻本

匡高14厘米，廣10厘米。半葉十行，行二十二字，白口，四周單邊。郭種德批校。王獻唐跋。山東省平原縣圖書館藏。